サラリーマンのための
ロジカル不動産投資

菊池穣 著

セルバ出版

まえがき

本書を皆さんにお届けできることをとても光栄に思います。

執筆するにあたって、「自分の経験から得たこと」、「困っている人の問題を解決するにはどうしたらよいか」の2点をつなげることを念頭に置きました。そのため、あくまで個人的な投資スタイルではないか、と思われる点もあるかもしれません。

しかし、基本的な投資の考え方や手法はすべての方に当てはまる自信があります。

本書でお話する投資のお話は、タイトルにあると通り「不動産投資」についてです。

すでに物件をお持ちの方もいらっしゃるかと思います。そういった方は、基礎的な流れの復習教材として見返していただけたらと思います。そして、これから不動産投資を考えたいという方は、本書を「一歩踏み出すためのきっかけ」としてください。背中を優しくポンと押すための装置が本書です。

それでは、ここからは不動産投資について未経験であるということを前提にお話を進めていきます。「不動産投資」と聞いて、どんなイメージを持っていますか?

・変な業者に騙されそう
・金額が大きくて大変そう
・利益の出し方が難しそう

・入居する人が入らなかったときどうするの？
他にも色々なご意見があるかと思いますが、大体がこのようなあまりよくないイメージではないでしょうか。そんななかで私としては強く言いたいことがあります。

不動産投資が一番シンプルです！

そして、キャッシュフローが最も出しやすい投資方法です。

本書ではその答えを明らかにしていきます。さらに、同時にお伝えしたいことが次のことです。

サラリーマンだからこそ不動産投資に向いております。

「なぜ?」と思われる方も多いかもしれません。そういった方々にじっくり、しっかり、そしてしつこくお話していきます。

私は月曜から金曜まで会社に勤務しているサラリーマンです。通勤電車で喧嘩に巻き込まれそうになって冷や汗をかき、社内ではそりの合わない人と膝を突き合わせて打合せをし、〆の作業に間に合うかドキドキすることもしばしば。

その一方で、投資家として大家業を並行して行っております。あくまで本業はサラリーマンとして仕事をしており、不動産投資家としての顔はあくまで個人事業主としてのものです。そのため、投資関係の何らかの団体には所属しておりません。

今回お話することは、特定企業の営業活動に関わるものではありません。利益団体としてロビー活動をしようというものでもありません。ましてや詐欺まがいの行為をして他人を誘導しようというものでもありません。ですので、本書を手に取られた方は先入観なくお読みいただければ幸甚です。

では、なぜこのたび執筆しようと思ったのか。もちろん自分のためという面はあります。その一方で、口幅ったい言い方かもしれませんが、自分のビジョンのためでもあります。それは、自分らしい人生を送りたい人の選択肢を増やす、というものです。

そして、「選択肢を増やす」という部分については、（生々しい言い方で恐縮ですが）「収入源を確保する」という点は避けて通れないと思います。ある程度の余裕があるからこそ、前向きな気持ちで過ごすことができるのは仕方がないと感じます。

「涙の数だけ優しくなれる」なんていうことは決して起こりません。そういった現実とうまく付き合っていくためにはどうしたらよいか。前述の「自分の経験から得たこと」をどう生かせるか色々と思い悩んだ末に、これまでやってきた不動産投資が適切ではないかとの結論に至りました。

私の場合は会社勤めであるため、サラリーマンであることを最大限活用することが投資家として非常に有利に働きました。そのため本書は、組織に所属して頑張っている人に向けて書きました。お勤めの方だからこそのメリットがたくさんあるということ。また、デメリットについても言及しております。もちろんその対処法もです。

ただし、一攫千金を目指す内容では決してありません。いきなり会社を辞めたい、リタイアしたい、といったニーズにお応えする内容ではありませんのでご了承ください。あくまでサラリーマンの方が、不動産投資を始めることで次のステージに行くことを目的としております。

世間一般では、投資に関するハウツー本は数えきれないほどあるのはご存知かと思います。もちろん、それがすべて無駄とは言いませんが、本書ではどちらかというと、〝ＷＨＹ？〟（なぜ不動産投資なのか？）という部分も掘り下げております。もちろん話を進めていく過程で、不動産投資の具体的な流れの記載もございます。

本書を読み終えた後の皆様が、〝ＷＨＹ？〟から〝ＷＨＹ　ＮＯＴ？〟（やるに決まってる！）という心境になることができたら本当に嬉しいです。

申し遅れました。菊池と申します。29歳から不動産投資を開始しました。大家業を始めてかれこれ10数年になります。

金融機関からの融資の力を借りながら、木造アパート1棟への投資を開始して、現在までに売却を含めて10棟の投資実績があり、今現在も複数棟を運用しております。保有しているアパートは1棟もので、すべて満室経営で稼働中です。年間の家賃収入は４０００万円程になります。

個人の投資のスタンスとしては、「買いたい、買いたい」という気持ちを前面に出しすぎず、手堅い物件へ確実に投資していきました。

今後もこの姿勢を継続していく予定です。おかげさまで投資を開始してから、赤字とは無縁でここまできております。

投資をしてみようと思い立った際に、最初から不動産投資を狙っていたわけではありません。自分なりにああでもない、こうでもないと考え、痛手ほどでもない小さな試行錯誤をした結果、不動産投資の道を歩んでいました。

そのため、これから始めようと考えている方にとって、「ああ、こういうことが知りたかったんだよ」、「そうそう、こういうことよくあるんだよな」といったような、かゆいところに手がとどく内容にしたいと考えました。ついつい悩んでしまいがちなポイントについて、自分も初心者だったからこそ書ける内容であると自負しております。

不動産投資にいらないものは、特別な才能とギャンブル精神です。驚異的な暗記能力が必要ということはありません。また、伸るか反るかのヒリヒリするような相場師の根性も必要ありません。私の今行っている不動産賃貸業は、資本を入れ、安定的に収益を獲得する仕組みを整え、計画的に資産を拡大していくものです。

イメージとしては、「勝つ」というより「絶対に負けない」というニュアンスが強いでしょう。それは時間をかけることで大きくなっていくものなので、言いかえれば、できる限り早く始めれば大きな収穫が待っているということでもあります。

本書を手に取られた方には色々な状況の方がいらっしゃるかと思います。現状がうまくいっていないので新しい世界を広げたい方、余裕ができてきたので違うことに挑戦してみたい方など、様々な方がいらっしゃるかと思慮致します。どんな方の声でも受け止めて、本の向こう側の少しでも多くの皆様に内容をお届けしたいと思います。「不動産投資のイメージが変わった」、「自分でもできそうな気がしてきた」、といったお声がいつか聞けたら最高です。
そして、不動産投資の一歩目のお手伝いができましたら光栄です。

2024年8月

菊池 穣

サラリーマンのためのロジカル不動産投資　目次

第2章　サラリーマンは自分だけの事業をつくろう

第3章　サラリーマンが不動産投資に向いている理由

第4章　始動期（さあ始めてみよう）

第5章　構築期（稼働させよう）

第6章　稼働期（収益エンジンを回す）

第7章　状況、環境、すべて武器

第1章　なぜ不動産投資なのか

漠然とした将来不安

10年後も、今のお給料は安定していると思いますか？

10年後も、お勤めの業界は変わらず安泰ですか？

この問いに「はい！」と心から即答できる方はそう多くないのが現実でしょう。それほどに移り変わりが激しく、不確定要素が多い状況であると私自身も日々感じております。

本書では堂々と「別に問題ない！」とお応えできるような手段をお伝えするため、まず現状を把握していきたいと思います。

「決意を新たにする」からどれくらい経ちましたか？

まず、右のような質問をさせてください。本書を手に取られた方は、現状を変えたいと強く望む方ばかりかと思います。新しく始めたいものは人それぞれでしょう。転職活動、起業、婚活、ダイエット、筋トレ、習い事、そして不動産投資。人の数だけ新たなスタートがあります。では、「何かを変えよう」と決意してから今日までどれくらい経ちましたでしょうか？

1週間〜1か月
1か月〜3か月
3か月〜1年
1年〜3年

3年以上

ざっくりですが、このような期間で分けて考えてみてください。人それぞれのペースというものはあります。ただし、3か月以上スタートがきれていない人は要注意です。恐らくいまやろうとしていることが向いていないか、やり方が間違っているかです。

いきなり厳しいことを言いますが、現状把握は大事ということをご承知おきください。では、そんな状況を踏まえてさらにサラリーマンの皆様をとりまく現状についてお話していきます。

手取り倍は何年後？

このまま順調にお給料が上がった場合を考えます。仮に毎年5％ずつ上がったとしましょう。それでは今の手取りのお給料が倍になるのは何年後になるでしょうか？

【シミュレーション例】

◆手取り500万円

◆毎年5％ずつアップ

Q：手取りが倍になるのは？

A：15年後以降

細かな条件はかなり省いて計算しておりますが、目安としてはわかりやすいのではないでしょうか。単純計算したとしても約15年かかります。あくまで確実に同じ比率だけ上がったと仮定した場合です。

さらに、手取りではなく年収５００万円の方は日本の平均年収（約４１４万円）から考えると上位に位置します。現在、40代の方ですと、定年をむかえるあたりで2倍達成となります。

お給料アップのために転職？

では、お給料のアップを目指して転職をし、運よく年収が上がったとします。しかし、問題はすべて解決されるわけではありません。転職の表向きの理由として、「キャリアアップをしたい」「前職ではできなかった問題を解決するため」といったことが挙げられます。

しかし、転職を経験された方ならわかるかと思いますが、退職する大きな原因は「職場の雰囲気が嫌だ」「上司、同僚と反りが合わない」でしょう。このリスクは新しい職場に行ったとしてもゼロになるものでは決してありません。

◆上司がいまだに手が出るタイプ
◆年齢が一回り以上の若手に説教される
◆つらくても周囲からは見て見ぬふりをされる
◆前職で築き上げた人脈が一切なくなる

大げさではなく、こういったことはまだ十分に起こり得ることです。転職すると、こうしたリスクもゼロではありません。寧ろついて回ります。

好きなことを仕事にする？

一念発起して、長年やりたかったことをやるという選択肢もあります。ただし、ここでも多くの人が忘れがちなことを敢えて指摘します。

それは、「楽しむことと、サービスすることは違う」ということです。

お花が好きで、いつも家にお花を飾っているご家庭は素敵だと思います。しかし、だからといってお花屋さんになれるわけではありません。生もののため在庫管理は大変ですし、お客さんへ配達するのも一苦労でしょう。

また、フランス映画が好きな人が、「もっとフランス映画の魅力を広めたい」と配給の仕事を始めたとします。しかし、残念ながら独特の世界観が強く、共感してくれる観客は少ないでしょう。もしかしたら上映館もかなり制限されるのではないでしょうか。

このように、主観と客観の壁を超えることは時としてかなりの難題となります。好きなこととしていれば幸せ、という人も少数ながらいるかもしれません。

しかし、世の中の大半の人は、周りから評価されなかったり、利益にならないものに対して愛着を持つことは難しいのではないでしょうか。

あんなに好きだったことが、仕事にした途端に嫌いになった、ということになりかねません。趣味の世界に留めて置いたほうが、自分の教養となるようなことはたくさんあると思います。

なんだって移り変わっていく

「好調な業界で仕事をしたい」という気持ちも一度冷静になってください。例えば、円安の時期に輸出は好調かもしれません。しかし、為替レートは円と外貨の交換比率のため、ある時期に必ず逆転が起こるものです。すると、今度は急激に輸入が有利になり、輸出で利益を出していた業界は相当に厳しくなるでしょう。

また、これから来るであろう技術（例：ＡＩ関連）を一生懸命勉強して資格を取ったとします。最悪なケースとしては、勉強が終わる時期にはそのスキルが陳腐化されてしまうことです。ウェブ業界が代表的かもしれませんが、５年前までは仕事だったものが、今後はビジネスとして成立しないといった動きもますます加速すると憂慮しております。

おとなしく、今の組織で目標に向かって頑張る、と決めた場合、残念ながら組織もある意味生命体なので、常に状況は変化します。「これを絶対に成し遂げる」と誓ったものが、いつのまにか組織としては最重要課題ではなくなってしまうケースがあります。

「ゴールを決めようと思ったら、ゴールポストの位置が変わってしまう」というイメージでしょうか。

予期せず告げられる異動、転勤などが例にあげられます。リセットされてからさらに持ち直すのに時間を要することもあるので要注意です。

かなり厭世的なことを言ってしまいました。暗めの文学のように陰陰滅滅な気分にさせるのが目的では、もちろんありません。ただ、「リスクは覚悟する必要がある」という点をお伝えしたく書きました。

そして、【もう1つ別な道もある】という点もお話したいです。

それが不動産投資です。

投資によって利益を得る方法には大きく分けて2つあります。それがインカムゲインとキャピタルゲインです。インカムゲインは資産を所有することで得られる利益です。一方、キャピタルゲインは資産価値が上昇した際に売却することで得られるものです。この2つの特徴を両方満たすのがよい投資手法と言えます。

その観点から言うと、不動産投資はどちらの面も兼ね備えているため、しっかり対策すれば利益を出せるのが魅力です。

不動産投資はこうして利益が出る

不動産投資における重要な指標として、「利回り」というものがあります。（ネットですぐ調べることはできますが）定義は、物件価格に対して1年間でいくら回収できたかを表す割合のことを言います。この利回りには大きく分けて、「表面利回り」と「実質利回り」の2種類があります。両者の違いですが、前者は経費（税金、管理費等）を含めず算出し、後者は経費を加味して算出致します。

各利回りは次のように計算致します。

【表面利回り】

表面利回り（％）＝（年間家賃収入÷物件購入価格）×１００

例：物件価格が1億円で、年間家賃収入が１０００万円の場合、

表面利回りは10％となります。

実質利回り（％）＝（年間家賃収入－年間諸費用）÷（物件購入価格＋購入時諸経費）×１００

年間諸費用とは、賃貸物件の運営の際に発生する費用となります。

主な項目をご紹介します。

【年間諸費用】

◆管理料（物件を管理してくれる会社に支払う費用）
◆広告料（入居募集の際に出す費用）
◆水道光熱費（廊下等の共用部分にかかる費用）
◆通信費（ネット使い放題といったサービスの導入費用）
◆借入金の年間の返済額
◆固定資産税

次に、購入時の諸費用についてお話します。こちらは物件を購入する際にかかってくる費用にな

ります。

【購入時諸経費】

◆建物表示登記費用（どこにどんなものが建ったかを登記するために必要なもの。土地家屋調査士へ依頼する）
◆ローン事務手数料（銀行に融資を頼む際の事務手数料）
◆収入印紙（契約書に貼付するために必要）
◆登記費用（登記したものが誰のものかを登記する。司法書士へ依頼する）
◆仲介手数料（不動産売買会社への支払う費用）
◆火災保険（保険加入した場合に支払う費用）

例：物件を管理するための諸費用を年間家賃収入の約5～6％、物件を購入するための諸経費についても物件価格の約5～6％と仮定します。また、物件価格と年間家賃収入は表面利回りのものと一緒にします。

○（1000万円－60万円）÷（10000万円＋600万円）×100＝約9％

このように実質の利回りは約9％台となります。

この数式に当てはめることで、10部屋中1部屋空室が続いた場合の年間家賃総額や、家賃が10％下落したときの総額が計算しやすくなります。例えば、空室率または家賃の下落率が10％の場合、家賃収入の1000万円から100万円を引いて実質利回りを計算してみてください。

この収益の算出については、後の章でさらに詳しく見てみるので暫しお待ちください。
イメージとして、「物件が稼いで、物件が借金を返して利益を出せるようにする」という形式です。

不動産投資が最強である10の理由

実は、私としては、不動産投資に関しては当初否定的でした。なぜならやばくなったらすぐ売れるというものではないからです。株をやられている方であれば、相場で「危険だな」と思ったときには損切りという形ですぐ売却することができます。それに比べて不動産は物件ごとの価格も大きく、買いたい人が見つからなければ当然売ることができません。そして、契約で関わる人が多いため、「明日売ります！　支払ってください」ということもできません。

しかし、１つひとつ丁寧に不動産投資を分解して考えていくと、前述したことが決してマイナスとはならず、プラス面のほうが大きいのではないか、と考えに至りました。その理由を10項目に分けてじっくりとお話したいと思います。

メリット①／実物資産となる

当然ではありますが、不動産を所有するということは実物資産を持つということです。株のように会社が倒産して資産価値がゼロになってしまうということはありません。たとえ入居者がいなくなったとしても、土地と建物が残ります。もし何らかの理由で建物がすべてなくなったとしても土地の権利はそのままです。そのため、資産がゼロになるということはありません。

ただし、例外のケースがありまして、支払うべきローンが資産額より上回っているときは話が別になります。わかりやすい例で言うと、手元に１００万円あって、借金が２００万円ある場合を想定すると納得いただけるかと思います。

出鼻をくじくようなことを言いましたが、こういったケースも対策すればもちろん回避可能です。追ってご説明します。

メリット②／家賃収入がある

これも、今更と思われることですが、投資のなかでは大事なポイントです。他の投資手法をみてみますとわかると思います。

例えば金への投資を見てみましょう。金、いわゆる貴金属への投資のメリットは価値の激減がない点にあります。これは不動産と同様に実物資産であるからです。

また、インフレに強い点もあげられます。かなり簡単な説明になりますが、インフレ時に通貨の価値が下がると、モノ（金含む）の価値が上がるからです。

一方で、デメリットもお伝えします。これが不動産の特徴にもつながりますが、配当等の定期収入につながらない、というところです。

金はあくまでキャピタルゲインのみのものです。その点不動産投資はインカムゲインも網羅していることが強みでしょう。

メリット③／転売益を狙える

前述で少し触れさせていただきましたが、不動産投資であれば他者（もしくは他社）に売却することで、キャピタルゲインを得ることができます。もちろんこれも立地に左右されるというリスクがありますので、対策が必要です。追ってお話いたします。

メリット④／景気の動向に左右されにくい

たとえ歴史ある大企業であっても、他国の情勢や自国の政策決定の影響を受けないわけにはいきません。それは大衆のニーズとは全く関係ない次元だとしてもです。

また、株を保有されている方はよくおわかりかと思いますが、株主への配当金は常に順調に支払われるわけではありません。企業の業績が悪化すれば無配も十分にあり得ます。新興のベンチャー企業の株を持っている方は、将来性に投資するという名目で創業以来ずっと配当をもらっていないなんていうケースも経験されているのではないでしょうか。

しかし、不動産投資につきましては、月々の家賃収入という定期的な安定収入があります。もちろん若干家賃の上げ下げの調整が必要となる場合はありますが、数年単位で無収入というケースは想定しなくもよいでしょう。

メリット⑤／日々の相場に追われなくてよい

複数のモニターを取り付けて、相場をじっと睨み続け、チャートをチェックし、各メディアのニュースを追い続け、買い付けるときは虎のように猛然と襲いかかり、売り抜けるときはウサギのように一目散に駆け抜ける。それくらい注力しながら、キジ撃ち、お花摘みの間に保有資産が暴落して呆然とする。そんな経験は一切いりません。

確実に入居者を獲得し運用すれば、自分の時間をしっかり確保できます。その間に本当にやりたかったことをする時間にあてるのもよいでしょう。

メリット⑥／インフレ、デフレにも対応可能である

インフレになると、物価が上がり現金の価値が下がります。その時期の不動産の資産価値は上昇することになります。その場合、家賃相場における月々の賃料は上がりやすい傾向になります。資産価値は上昇するため、売却益も出しやすくなります。インカムゲイン、キャピタルゲインの両方に好影響となります。

さらに、住宅ローンを組んでいる場合も有利です。なぜなら、銀行からの借入残高が1000万時にインフレになったからといって、残高が2000万、3000万と増えることはありません。つまり、お金の価値が下がっている状態で、残高金額が変わらないため、ローンの価値は目減りしていくことになります。

また、デフレになった場合でも対応できます。月々の家賃については、デフレだとしても急激に下がるということは起きません。日々の生活からもわかるかと思いますが、６万円のお家賃が来月から急に３万円に下がるということはまずないはずです。「家賃の硬直性が確保されている」と表現できます。

このように、インフレにもデフレにもヘッジする手だてになることがわかるかと思います。

メリット⑦／税金対策になる

株、ＦＸと大きく異なり、またメリットである点に「経費が認められる」というところがあります。代表的なのは減価償却です。木造の建物（法定耐用年数：22年）、ＲＣの物件（同年数：47年）からもわかるように、各物件で経費が認められるため、税金を抑えることが可能です。

その他にも、物件の運営に使った備品関連も経費となりますので、対象となるものの確認は必須です。

メリット⑧／週休６日で運用可能。

物件が稼働すれば、日々の業務に追われることは一切ありません。月々の収入がしっかり入っているか、入退去の動きはないかといった確認をするだけで問題ありません。

週に１日で十分すぎるほど時間は足りるでしょう。空いた時間を次の物件を増やすことに使ったり、自分の好きなことに充てることができます。

大事なのは、自分の目の届かないところは業者の方にしっかり依頼し、自分の時間を捻出していくことです。この点についても後述していきます。

メリット⑨／現地確認が可能である

不動産投資は、目に見えないもの、触れないもの、取り巻く環境が全くわからないものにお金を出すものではありません。しっかり現地に確認に行けますし、実際の土地、建物の状況を確認できます。その際、周辺地域も見ることで投資のイメージは格段に上がると思います。
※余談ですが、今まで足を運んだことがない街へ行くのも楽しみだったりします。

メリット⑩／レバレッジ効果がある

手元の自己資金以上の資産を獲得できる。それが不動産投資の醍醐味です。例えば、1000万円を元手に株式投資を行った場合、獲得できるのは1000万円分の株式です。株価によって株数は上下しますが、手元の金額がそのまま資産となります。

一方、不動産投資は、金融機関からの融資を受けることで種銭以上の資産を獲得可能です。1000万円で銀行から9000万円の融資を受けることもできます（もちろん銀行の都合もありますが）。そうしますと1億円の物件が射程圏内となります。

こうした金融機関の力を利用することで、手元の資金の倍以上の物件がオーナーのために家賃収入を運んできてくれて、借入金を返済してくれるようになります。軍資金以上の資産が手に入るため、〝身のほど知らず上等〟が通用する世界とご認識ください。

あえてデメリットもお伝えすると

キレイごとだけでは何だかウソくさくなってしまうため、マイナス面というか、対処すべきリスクも挙げます。

デメリット①／流動性が低い

これは換金できるスピードが遅い、という意味です。「売りたいときにすぐ売れない」ということになります。不動産物件は金額が大きく、契約事項もあるため「いま売りたいから、いま売る」はできません。

一見タイミングを逃しそうな印象はありますが、じっくり待つからこそ、利益を上げられることもあります。

デメリット②／突然の出費がある

自然災害や入居者のトラブル、大規模なリフォーム、清掃といった物件の問題が、意図せずして発生することがあります。

手痛い出費になることもありますが、普段からの積立、保険加入、懇意にしている業者との連携、といった点からカバーしていくことが重要です。

デメリット③／金利の上昇が「アキレス腱」となる。

金融機関から借り入れをする以上、金利からは逃れることはできません。これは、居住目的でローンを組む人たちも同様でしょう。

金利の少々の上昇が、返済額に大きな影響を及ぼします。借入先の金融機関の動向をしっかりチェックする必要があります。日銀の決定を追う必要もあります。投資の方向性が変わりかねないので要チェックです。

デメリット④／税金の知識と対応策が必要

年に一度の確定申告、春から初夏には固定資産税、法人化すれば法人税関係など、様々な税金がかかってきます。個人での確定申告をする際、青色申告をするのであれば決算関係の書類の作成が必要です。

固定資産税は年４回の支払いですが、この費用を年間の収支計画に織り込んでいく必要があります。

法人税関係については、税理士の方にお任せすればＯＫですが、支払時期や規模感は押さえておきたいところです。

税金については、専門知識を詳細に押さえる必要はありません。しかし、

⑴支払う時期

⑵概算での金額

⑶税金の構成（どういった計算で金額が出ているか）

⑷支払方法（銀行納付にするか、クレジットカードか等々）

この4項目は押さえておきたいです。

デメリット⑤／空室リスク

あえて言う必要もありませんが、やる以上はついて回ります。

対処としては、立地の選択物件の競争力、管理会社への迅速な回答等々あります。

ただし、一番重要なのは、〝一喜一憂しないこと〟でしょう。

第1章まとめ

・サラリーマンとして昇給、転職を期待するのはリスクが大きい。

・不動産投資の利益の出し方には、表面利回りと実質利回りの2種類ある。

・不動産投資のメリットは10ある。
・不動産投資のデメリットは5つある。

【コラム：挑戦を下支えする不動産事業】

上場企業の不動産事業はどうなっているのか？　ここではあえて不動産以外の業界を見てみます。独断と偏見で、一見不動産とは関係なさそうなエンターテイメント業界を例に見てみましょう。企業としては映画会社としてのイメージが強いであろう東宝、東映、松竹を例に取ってみました。

まず東宝ですが、全体の売上高に占める不動産事業の売上は24％となっており、営業利益は全体の営業利益の約３割を占めます。不動産事業に携わる従業員は４割超となっております。どの数値も基幹である映画事業につぐ№２という位置づけです。

次に東映を見てみましょう。こちらは売上の割合が４％弱、営業利益は８％程度となっております。ただし、利益の額及び割合については、基幹の映像関連事業につぐ数値です。また、観光不動産事業の従業員は４％程度のため、少ない人員で利益を下支えする形となっています。

最後に松竹です。こちらの利益割合が１００％超なのは、演劇等の他の事業が赤字のため全体の営業利益を押し下げ、不動産事業の利益が全利益よりも大きくなっているという結果です。

不動産とは無縁に思える企業でも不動産事業を確実に押さえています。企業としての挑戦を、不動産事業という利益がしっかりサポートしているのかもしれません。

【図表１　大手映画会社の不動産事業】

	東宝	東映	松竹
業界	情報・通信	情報・通信	情報・通信
不動産事業	オフィス、店舗、複合施設、住居施設をはじめとした事業を展開	観光不動産事業として、不動産賃貸、ホテル事業を展開	ビル賃貸、不動産賃貸、不動産開発を展開
不動産事業売上高（百万円）	69,142	6,494	12,839
売上全体に占める割合	24.4%	3.79%	15%
不動産事業営業利益（百万円）	17,610	2,569	5,506
営業利益全体に占める不動産事業の割合	29.7%	8.8%	154%
不動産事業の従業員数（人）	1,579	49	83
全従業員に占める不動産事業の割合	43.7%	4.5%	5.8%
保有不動産	東宝日比谷ビル 東京宝塚ビル 帝劇ビル 有楽町電気ビル 銀座八番館他	新宿三丁目イーストビル 渋谷東映プラザ プラッツ大泉 オズ　スタジオ　シティ 広島東映プラザ他	歌舞伎座タワー 銀座松竹スクウェア 東劇ビル 有楽町センタービル他

出典：各社の有価証券報告書（2024）より作成

第2章　サラリーマンは自分だけの事業をつくろう

お給料を増やすのではなく、収入源を増やす

前章にて、お給料を増やすことのリスクについてお話しました。組織内で頑張るということは、他者に評価を握られてしまう面からどうしても逃げることができません。

頑張ることはもちろんよいことですが、心身をすり減らすことになってしまえば本末転倒です。強い言葉で言いますと「生殺与奪」を相手に委ねている状態は自分自身でも気づかないレベルで魂を削られていってしまうのだと思います。

それを防ぐには、今の収入を増やすのではなく、収入のエンジンを増やすことに発想をシフトしていくことが重要です。

イメージで表しますと、次のような感じです。

1本の収入の柱を太くする。

↓

まず収入源を増やす。そして、その収入の柱を太くしていく。

というようなイメージです。順序を少し変えるような感じです。まずは収入源を増やす。それは特に規模は問わない。とにかく確保するのが先決、というニュアンスになります。

小規模でいいので新しい収入源をつくり、稼働したら他の方に任せて時間的余裕をつくり、そして大事にその柱を育て、さらに新たな収入源をつくるのが理想形です。

不動産運営で事業のイロハに触れよう

不動産投資をすることは「アパート事業家」になることです。不動産は株などといった金融商品と同じようなくくりで考えないのが成功の秘訣です。

株は価値が上がることを〝祈る〟しかないかもしれません。しかし、アパート事業は、家賃収入を定期的に確保していくものなので、利益に対する活動は能動的になっていきます。なかには「経営者」という感じの意識の高い方もいらっしゃいます。

ご存知かと思いますが、家主が「入居させてやる」という時代はとうに過ぎました。そのため、物件運営に関して前のめりな姿勢かどうかが鍵となります。また、アパート事業は、事業活動の肝となる部分が数多く詰まっております。ざっと見ていきましょう。

◆物件の収支確認（毎月の黒字、赤字チェック）
◆決算書の作成もしくはチェック（税理士との契約）
◆費用明細の確認（コストのチェック）
◆入退去の状況確認
◆退去後の入居付け
◆管理会社とのやり取り
◆リフォーム等の判断

◆物件の清掃（どこの業者にまかせるか）
◆収支計画の確認（金融機関への提出書類の作成）
◆書類、データの整理（契約書のまとめ）

ざっと挙げただけでもこれくらいあります。もちろんこれらの作業に日々追われることはありません。

しかし、業務内容を見てわかるかと思いますが、経営に関わる内容が出てきます。こういった業務を経験していくことで、事業運営の何たるかという基礎は間違いなく身についていくはずです。

会社勤務をされている方は、こうした事業全体を俯瞰したり、対策を決定するという普段とは異なる一面を自分のものにすることができます。

特別なスキルは必要なし

世間には、色々な資格が溢れかえっています。

不動産関連でいえば、宅地建物取引士（宅建）、不動産鑑定士、マンション管理士、建築士（1級、2級）といった国家資格や様々な民間資格もあわせると数えきれないほどあります。

どうしても勉強したい、という人は挑戦していただいて結構なのですが、「家賃収入を得る！」ということが最優先なので、特にこだわらなくても問題ありません。

寧ろ、資格の勉強をする時間があるなら、物件の調査といった実地訓練に力を注いだほうがよいです。ですので、「この資格がないと仕事ができない！」という場合でない限り、不動産投資家として必須なスキルとは何ぞや、と悩む必要は全くありません。

数字に対する感覚を磨こう

強いて必要なスキルがあるとすれば、数字に対する感覚だと思います。ただ、それも高度な数式の計算といったたぐいのものではありません。基本的な数字を頭に入れておくというものです。

不動産投資には、最低限おさえておくべき数字があります。これもざっとではありますが列挙します。

・物件の価格
・物件全体の大きさ
・一部屋の広さ
・月々の賃料
・部屋数
・融資金額
・借入年数
・金利

他にもたくさんありますが、このような指標があります。

こういったものに対して、具体的に言いますと、次の2点に注意してください。
◆頭の数字を間違えない。
◆桁数を覚える。
この2つの基本を押さえておくことで、不動産投資に対する視点が一気に鋭くなります。

「追い詰められている」よりも「余裕がある」ほうが、本業はうまくいく

サラリーマンの方々は、毎日頑張ってお仕事されているかと思います。必死で頑張ることも大事です。退路を断つことで覚悟の強さが決まることもあるでしょう。

しかし、ほとんどの人は、余裕ある精神状態があるほうがよい結果を出せるはずです。

不動産投資で余裕をつくっていくことで、本業にもよい影響が出るでしょう。「仕事が1つ増えてしまって大変なのでは?」は杞憂です。「自分には不動産もあるし」と思えることはプラスしかありません。

不動産業者の分類

投資家となるうえで、不動産業に関わる人たちの分類を4つお伝えします。
◆不動産開発業
土地の仕入を行い、建物を建てて販売を行います。

◆不動産仲介業

売買や賃貸の仲介を行います。本書にて〝エージェント〟と記載されている職種に該当します。

◆不動産管理業

不動産オーナーの物件の入退去や整備を行います。

◆不動産賃貸業

ビル、マンション、アパートのオーナー業を行います。いわゆる大家さんで、本書では、サラリーマンで不動産の初心者が大家さんになるまでを想定しております。

これら４タイプになります。自分が今どの業者の方と話しているのか、次のステップではどの業者さんと話すことになるのかといった、進捗確認のときに思い出してみてください。

第２章まとめ

・収入を増やすのではなく、収入減となる柱を増やそう。
・不動産投資は自分だけの事業だ。
・特別なスキルは要らない。
・数字の感覚を鍛えよう。
・追い詰められるよりも、余裕あるほうが頑張れる。
・不動産業者は大きく分けて４つ（開発、仲介、管理、賃貸業）ある。

【コラム：物件の外観を決める楽しさ】

新築で購入した際、建物の土台となる部分は既に確定していますが、物件の色味はオーナーが決めることができる場合があります。外壁や壁紙、ドアの色、床のデザイン等について、指定のカタログから選ぶ方式になるでしょう。自分だけのデザインを組み合わせることができる楽しい作業です。

選び終わったらパースと呼ばれる外観や内観を立体的にした絵にしてくれるでしょう。物件のイメージも固まる楽しい作業なので、ぜひ味わっていただきたいです。

第3章　サラリーマンが不動産投資に向いている理由

会社勤めだからこそ得られる社会的信用の力

不動産投資はサラリーマンが圧倒的に有利です。これはまずお伝えしておきたいです。自営業で自分の自由な時間をつくる、起業して成功、といったフレーズには魅力を感じるかもしれません。しかし、一旦、思いとどまっていただきたいです。なぜならサラリーマンとして、地道に仕事を続けていることへの社会的信用は計り知れないからです。

あなたがもし金融機関の融資担当の場合、どちらの申込者を優先したいでしょうか?

・脱サラして起業準備中の貯金が800万円の人
・年収800万円の老舗企業のサラリーマン

当然、左に書いてあるサラリーマンの方です。融資するということは、月々のローンの支払いが発生するということです。月々の定額支払いを乗り越えてくれる人かどうかが、金融機関の人にとっては何より重要です。

夢を追うのはもちろん素晴らしいことですが、融資を勝ちとるのはどういった属性が有利かどうかが何より大事です。

高収入よりも定収入&定職

所得が高いことに越したことはありません。誰しもお金があることに越したことはありません。

周囲へのインパクトもあるでしょう。

しかし、それよりも重要なことがあります。それが定職定収入です。

これは前述のことと重複する部分もありますが、大事なことなのでしっかりお伝えしたいです。

金融機関はできれば長期でお金を貸すことができる人を探しています。

それは何故か？　金利を取りたいからです。

さらに言えば、金融機関の担当者としては、安定した顧客を確保しておきたいという実情があります。自分の担当時代に、しっかりお得意様になってもらい、滞りなく次の担当者に引き継ぎたいのが本音です。そうすること、組織全体としても安心、安全、安定の運営につながります。

そういった背景があるため、どういった背景の人と親和性が高いかというと、先ほど申しました通り、定職定収入のサラリーマンでいることが何より大事です。さらに言えば老舗もしくは上場企業勤務であることも大きな魅力です。〝飛び道具〟といってもよいでしょう。

長く続いていたり、世に知られた知名度があるということは、属性を審査する上でかなり有利です。サラリーマンの方はぜひご自身の属性の隠れた魅力を手放さずにいてほしいです。

週末、祝日しっかり時間が取れるからこそ、物件と向き合える

会社勤めであれば、週休、祝日は確保されていると思います。そうした時間は、不動産投資にうってつけです。そのタイミングを使って現地での物件調査に行くのがよいでしょう。不動産会社さ

んの人と会って話を聞きに行くのもよいです。

どんなに忙しい方でも1か月連続でずっと会社に行き続けなければいけない人はまずいないでしょう。そういった状況を活用して、不動産投資に関する時間をさけるように工夫してみてください。職場によっては、休みを取りづらい雰囲気がある方もいらっしゃるかと思います。露骨に嫌な顔をする上司、同僚（ときには後輩）がいるかもしれません。

しかし、その人たちは別にあなたの人生に責任を取ってくれるわけではありません。そんな人たちに遠慮することはありません。なんとか受け流していただきたいです。

「自分らしい人生が送れる将来」と、「一時的によい顔してやり過ごすいま」をはかりにかけてどちらが大事か考えたら問題なくクリアできると思います。ぜひ、自分の担当業務がスムーズに進むよう人に任せるなり段取りをしてください。

毎日コツコツやる根気が身についている

組織内で仕事をしていれば、想定外のことが起きることがあるかと思います。しかし、大体の場合、毎日、毎月決まったお仕事をする方がほとんどでしょう。

そういったルーティンの仕事をできることも強みです。不動産投資にもその強みが生きてきます。
・コツコツ物件の調査を行う
・契約書等の書類整理をする

・金融機関の方に説明する
・仲介業者さんとやり取りをする
・管理会社さんへ依頼する
・毎月の収支をチェックする

こういった地道な作業が続きます。日々、決まった作業で鍛えられている人だからこそ、こうした作業は難なくクリアできるでしょう。

本業を一日忘れて不動産に集中できる。

自営業の方、特に立ち上げて間もない方は四六時中仕事のことを考える必要があるでしょう。

一方で、サラリーマンの方であれば、休みの日はすべて自分のために使うことができます。

幸か不幸か自分一人がいなくても、会社組織はそう簡単に潰れはしません。それを逆手にとって、ぜひ不動産投資に関する知識の習得や実地での物件調査に時間をあててみてください。

学ぶための時間が取れる

会社から帰ってきて、会社の仕事に役に立つ勉強をまたする、では少ししんどいかもしれません。ぜひ、帰宅後に時間の取れる方は不動産のことを調べる時間を5分でも10分でもとってみてください。

もちろん週末や祝日を使って学びの時間をつくるのも吉です。「自分の代わりはいくらでもいる」という状況を存分に利用しましょう。

つつがないコミュニケーションが身についている

普段仕事をしていると、話すのが楽な人、なんとなく苦手な人というカテゴリーができ上がってしまうのが普通の人かと思います。それが大事です。

好き嫌いに関わらず、とりあえずやり取りできるというコミュニケーション能力はとても大事です。不動産投資では銀行の方、仲介会社の方、管理会社の方といった多方面でやり取りすることになります。その際に、円滑なコミュニケーションができるのは大きな強みです。

業者の方も仕事人である前に、1人の人間です。そういった人たちにスムーズにコミュニケーションが取れるスキルは必要です。

何といっても「胡散臭くない」は最高の魅力

毎日会社に勤務している方に、唐突に「自分の売りは？」と聞かれたら、答えに窮してしまうかもしれません。でも実はそのありのままのサラリーマンであることが何より大事です。

不動産には売主さん、仲介業者さん、そして銀行の人たちと色々な方が関わっております。そのとき、しっかりとした社会人としての身分があることが大事です。その身分とは「社会的信用」です。

一見ありきたりと思えるサラリーマンであることが強く生きてきます。先ほど不動産投資は色々な人が関わると書きました。もし物件を買いたいという人がこんな肩書やキャッチフレーズで仕事をしている人だったらどうでしょう。

・幸せを世界に伝える伝道師
・「いつだってバケーション」を実現するコンサルタント
・不可能を可能にする表現者

戸惑いますよね（もし該当するようなお仕事の方がいたらごめんなさい）。とにかく、買う側の経歴や肩書が、理解しにくい場合、融資を含めた話が通りづらくなります。

しかし、しっかりとした会社で務めている場合はその肩書が有利です。銀行、売主にとって、社内的に安定しており、人間的に誠実な印象があるからです。

本業の勤務状況については、（もし聞かれた場合）しっかりアピールできるようにしてください。きっと関係者には安心感が伝わるはずです。

第３章まとめ

・サラリーマンと不動産投資は親和性が高い。
・サラリーマンであることは関係者への受けがよい。
・サラリーマンの地道な姿勢は重要。

・サラリーマンは不動産のための時間が取れる。
・サラリーマンのコミュニケーション能力は宝もの。
・サラリーマンの「胡散臭くない」が武器になる。

【コラム：山っ気はダメでも時流は読もう】

三井不動産が中央区築地を総事業費約９０００億円かけて再開発事業に乗り出します。大規模なスタジアムも含めて新たな街づくりが楽しみになってきました。あの周辺に物件を持っている人、もしくは掘り出し物の物件を見つけた人は期待しかないでしょう。売ってよし、貸してよし、遊びに行ってよしで死角なしです。

三井不動産や三菱地所といった大手不動産会社の動向を追うのは参考になります。そういった企業が動くことで、土地の値上がりや周辺の家賃相場といった投資家としておさえておきたい情報に進展があるからです。さらに、そういった大きなうねりに乗じて物件を仕込んでおくのもよいでしょう。上場企業であれば四季報、有価証券報告書、ホームページで動きを定点観測できます。ニュースチェックのついでにおすすめです。

また、再開発地域のチェックも興味深いです。土地の広さは有限なため、数えきれない再開発が起こるわけではありません。街の変化を楽しむとともに、物件調査をすることで、大化けするような物件との出会いがあるかもしれません。

第4章　始動期（さあ始めてみよう）

「不安」につけ込むビジネスは数多く存在する

起業や選挙への立候補、マイホーム購入など、人の数だけ一大決心があります。そんなとき、多少なりとも不安にならない人はいないでしょう。だからこそ、みんな必死に対策しようとします。不動産投資ももちろん同様です。

大きな金額が動くわけですし、「入居がなかったらどうしよう」、「ヤバい人が入居トラブルを起こしたらどうしよう」と初めてのときはそんな不安が頭をよぎります。

私も1棟目そうでした。うまくいくかどうかわからないときのヒリヒリ感はあまり気持ちのよいものではありません。

しかし、そんな不安なときに注意しなければいけないことがあります。それは間違った人に頼ってしまうことです。不動産の関係者は、次のようになります。

◆買主（自分）
◆仲介業者（物件を紹介してくれた人）
◆建設会社（物件を建てた人）
◆売主（物件の持ち主。建設会社の場合もあり）
◆金融機関（融資してくれる人）
・管理会社（購入物件を管理してくれる人）

・その他（保険関係、司法書士等）

そして、買主である自分と仲介業者さんの間に入り込んでくる恐れがある業者がいます。

それが一般的には「～コンサルタント」と称する人たちです。

"自称コンサルタント" にはご注意

まず初めにお断りしておきたいのは、私はコンサルタントという職業を嫌悪しているのではないということです。クライアントの立場に立って考え、日々提案をしている方もたくさんいらっしゃいます。嫌悪どころか、知識量と視点の鋭さに唸ることもあります。

家族の話で恐縮ですが、私の兄もコンサルタントとして事業再生の案件を受託し、現場を飛び回っております。このように日夜頭と体をフル回転させて、クライアントの仕事がうまくいくよう頑張っている人たちはもちろんいます。

しかし、「コンサルタント」を名乗る特定層が新たなスターをしようという人たちの気持ちを利用してお金儲けをしているのも事実です。せっかく踏み出そうとするときにつまずきをつくらないよう留意していきたいと思います。

こんな "コンサルタント" があなたを潰す

何かを始めるときはまず情報収集から手を付けるのが定石かと思います。書籍、セミナー、勉強会、ポータルサイト、インスタ等で情報を仕入れることができます。

その際、初めの一歩をサポートするということを目的に様々なコンサルタントの人たちの紹介が目に入ると思います。不動産投資だけでなく、起業をはじめとした大きな勝負に出ようというときは、そういった方を「補助輪」のような役割として活用したいという気持ちになるかもしれません。

しかし、いったん冷静になっていただきたいです。

しつこくなりますが、スタートで失敗すると大変なので、ここはしっかりお伝えします。不動産投資を始める際、「コンサルタント」を自称する人に教えてもらおうとするのは控えてください。もしくは、しっかりとチェックすることが必要です。大事なお金、時間、体力を浪費することにつながりかねません。

次のようなパターンは要注意です。
(1)初めに高額な支払いを求められる（数十万円以上）。
(2)コンサル内容は月2回程度の面談が中心。
(3)個別の知識が実は乏しい。
(4)自己啓発系の理想論が多い。
記載した(1)〜(4)で1つでもあてはまる特徴がある場合は、逃げてください。順に(1)〜(4)を説明します。
(1)ですが、半年ほどの期間で50〜１００万円程の値段を請求される可能性があります。そのお金は物件調査や仲介手数料に取っておくようにお願いします。

次に⑵ですが、コンサルと称していますが、特にあなたにコミットしてくれるものではないと予想されます。ＷＥＢでのオンライン面談をするにとどまるのであれば全く意味はありません。あなたの事情をくみ取って提案してくれることはないでしょう。

そして⑶ですが、なかには専門知識がない人が混じっている場合があります。「新たなスタートを応援する」ということを目的として、不動産の知識が全くと言っていいほどないにも関わらず、自分を売り込んでくる人たちもいます。

最後に⑷ですが、「感謝」「ビジョン」「情熱」といった耳触りのよい言葉を言う人がいた場合、その瞬間に話を聞くのを辞めてよいです。正論を振りかざして、マウンティングを取ろうとしているとみてよいでしょう。

オンラインサロンも入る必要なし

オンラインサロンといったコミュニティーに所属するのもあまりよいとは思えません。

不動産投資でいえば、「大家さんの会」といった不動産オーナーをターゲットとしたコミュニティーが数多く存在します。飲み友達、遊び友達を増やしたいのであれば、そういったところに所属するのもよいでしょう。

しかし、「情報収集したい」、「切磋琢磨したい」のであればやめたほうがよいです。

なぜならば、よい儲け話があったら、他人には教えないからです。

投資家（だけではありませんが）は、よい話は真っ先に自分に話が来るように業者を説得します。そして、二番手、三番手の物件を他人へ回します。そのため、コミュニティーによる横のつながりでよい情報を得ようとするのは、「ババをひく」ことになりかねません。

また、物件の運営方法を勉強したくて入りたくなることもあるかもしれません。しかし、不動産物件は個別性の高いものです。１つとして同じ物件はありません。そのため、他人の物件で正解であっても、自分にとっては不正解であることはザラです。

投資初心者が「教えてください」という真摯な気持ちで臨んだはいいものの、お酒の席でベテラン投資家に説教されて結局嫌な思いをする、という事態はなんとしても避けたいところです。

大物投資家の人のお話を聞いて刺激を受けたい、という気持ちもあるかもしれません。しかし、それも「面白かった！」以上の火力にはならないでしょう。恐らく次の日には変わらぬ日常を送ることになります。オンラインサロン等のコミュニティーに所属することは、主催者の養分になることを覚悟しなければなりません。

ネガティブな物言いになってしまいましたが、言いたいことは、「資産は自分でひっそりと築いていくもの」ということです。

小さな決意でそっと踏み出す。やってみてダメならすぐ逃げる。そして、やり直す。それの繰り返しだけだと思います。

チェックポイントは2つ

あらためてのおさらいになる部分もありますが、話を聞く価値がある人のポイントは次の2点です。

①あなたの問題にしっかり向き合ってくれるか（コミットしてくれるか）。
②あなたのターゲットである投資対象への深い知識があるか。

これらをクリアしているかが最低基準です。

①については、あなたの問題にしっかり目を向けてくれるかどうかがポイントです。月1～2回のオンライン面談や、単発メールの味気ないアドバイスで終わらせようとする人は論外です。

②については、あなたが圧倒されるほどの知識量や提案をしてくれるかが大事です。業界知識も乏しいのに、励ますだけをコンサルティングと称している人もいるのでご注意ください。精神論が少し多い人だな、と感じたら黄色信号です。事前にしっかり質問して見極めるようにしたいですね。

そして何より、あなたが嫌な印象を持つようであれば、それば即不適格と見ていいです。依頼するのはこちらなのに、やたらと上から目線でくるのはマナー違反です。あなたを大事にしてくれない人と付き合う必要はありません。

ぜひ、自分がストレスなく続けることができる情報収集を見つけてください。

不動産購入までの10ステップ

不動産投資において、投資を思い立ってから、購入するまでを10ステップに分けてお話します。

①不動産投資の最低限必要な知識を学ぶ。
②自分に合った投資の方向性を決める。
③物件の情報収集をする。
④不動産会社のエージェントを見つける。
⑤物件の情報を精査する。
⑥現地へ物件調査に行く。
⑦購入の意思がある場合、購入の申し込みをして、価格の交渉をする。
⑧売買契約を締結する。
⑨銀行との間に金利、融資額を確定する。
⑩融資の確定および決済にて購入完了する。

以上になります。じっくりやりたい方はこれらステップを1年かけてクリアするペースでもよいと思います。ただし、不動産投資は、早くは始める人ほど毎月の賃料を1か月でも多く取得することができるため、焦らずテンポよく進めていきたいところです。

勉強するなら

もちろん自分なりの学習をすることは素晴らしいことです。その場合はありきたりですが、次のものを利用するとよいでしょう。

◆読書
◆セミナー
◆ポータルサイト（楽待、健美家等）
◆WEB（YouTube）
◆自分の足で物件調査

右のようなコンテンツを自分なりに使って、普段のインプットをすれば十分なのではと思っています。セミナーは特定の不動産業者が主催することがほとんどだと思うので、受けた後に営業の連絡が暫く続く可能性はあります。

ただし、そうだとしても、1000円程度で受けることができるでしょう。書籍を購入したとしても、2000円程度で済む話です。対人関係の面倒な問題や、数十万以上のコンサル商品、教材を買わされる心配がないと思えば相当によい自己投資だと断言します。

投資の妨げになる業者を少しでも減らすことができ、皆さんの円滑な活動のサポートとなれば幸甚です。

順調に取得できたら

これは、無事物件を取得したら（欲を言えば満室経営で稼働したら）、できれば個人を特定されてしまうような活動は控えるのがベストです。これは入居者に対しても、世間一般に対してもです。新たな一面を獲得すると、ついアピールしたくなるのが人の性です。しかし、どうか一度思いとどまっていただきたい。

不動産という目に見える資産があると知られることは、プラスマイナスで言うとマイナス面が多いでしょう。所有物件に対して悪戯されるかもしれませんし、個人的にも予期せぬ嫌がらせを受けるかもしれません。

そんな障害を避ける意味でも、あまり周囲に情報を公開するのは控えたほうが吉です。

特にネット関係は極力注意です。今の時代はネット上で、尖った物言いや派手な行いをすることがプロモーションになるということはあります。「悪名は無名に勝る」ということでしょうか。

こうして執筆している本も、「内容がよいから売れる」のではなく、「有名だから売れる」という世相なのかもしれません。しかし、それでも顔、名前、家族、実際の物件名が明らかになるような行為は絶対に避けてください。メリットはまずないと思ってください。

出所は覚えておりませんが、個人的に印象に残っている言葉に、〝あっても見せるな　殺意と財布〟という表現があります。

前述しましたが、資産はひっそりと築いていくものということを強くお伝えしたいです。ぜひ、いつのまにか資産家を目指してください。

自分に合っている投資スタンスは？

不動産投資は講習する資産によって、資産の増え方、メリット、デメリット、運営や購入の難易度、必要な条件が違います。収益性の高い不動産がよいのはもちろんなのですが、自分と親和性の高い物件とは何かを考えることも重要です。「利益が出る物件」と「自分がコントロールできる物件」の両方を満たすように考えていきたいところです。

では、「自分がコントロールできる」、「自分と親和性が高い」、ということを見つけるための視点をご紹介します。自分にとって一番スムーズにすすめることができるスタンスを見つけるための指標です。

①物件の形態
②物件の規模（金額、大きさ）
③物件の運営状況（購入前）
④融資の活用状況
⑤物件の所在地
⑥許容できるリスク

⑦情報の入手方法
⑧キャッシュフロー
次に、順に説明していきます。

①物件の形態

この項目では、投資用不動産の種類と特徴について説明していきます。各資産の例とそのメリット、デメリットについて記載します。

・共同住宅一棟への投資

アパート、マンションといった一棟モノの購入になります。
メリット、デメリットは、次のようなことがあげられます。

【メリット】

・資産規模の拡大スピードが早い
↓一度に10部屋以上増えることもあります。また、融資を使うことで億円単位の物件を入手することも可能なので、スピード感は随一でしょう。

・空室リスクを分散することができる。
↓部屋数を複数持っていれば、もし一部屋空室になったとしても、他の部屋でカバーできます。もちろん満室が一番嬉しいですし、空室による損益分岐点はありますのでご注意ください。

【デメリット】
・供給が多く、空室のリスクが高い
↓今後人口が減っていくと言われております。そうだとしても着工数が大幅に落ちることはないでしょう。中小を含めた建築会社や不動産会社が人口の減少スピードを鑑みて活動を控えるということは考えにくいです。
・支出が大きくなる場合がある
↓新築物件を購入した場合は関係ありませんが、築古の場合リフォームが必要な場合が出てきます。一部屋だけならともかく、バスルームの使用を全部屋変えるとなると一苦労ですので、十分注意が必要です。

・区分所有のマンション

マンションの一室所有のための投資になります。
こちらのメリット、デメリットは、次のようになります。

【メリット】
・入居の競争力がある物件が多い
↓マンションの場合、「周辺環境がよい」「設備が最新式」といった特徴があることが多いです。
そのため、入居付けにはスムーズに進められると思います。一部屋所有のため、空室になってしまうと利益はゼロとなってしまいますが、（立地にもよりますが）すぐ埋まるでしょう。

・運営が比較的楽である
↓マンションの場合、清掃会社や設備業者がしっかり決まっている場合が多いので、汚れや不備に関しては、早急に対応してもらえるでしょう。比較的楽、としたのは、管理組合の総会に出席する、もしくは議長となる、といったことがあるかもしれません。その手間を鑑みて、比較的、としました。

【デメリット】
・戸数が一部屋ずつしか増えない
↓一棟購入と比較すると、こちらは資産の増加スピードは間違いなく遅いでしょう。都心のマンション一部屋の値段が、23区外のアパート1棟よりもずっと高い時代です。
資産拡大を狙うならよく検討する必要があります。
・担保価値が低い
↓「土地がついていない」という点を懸念して、銀行の評価が低くなる可能性は高いです。

・**一戸建て**
いわゆる一軒家になります。次に見ていきましょう。

【メリット】
・希少性があり、競争力がある
↓マンション、アパートに比べて賃貸としての供給数が少ないです。実感として、町の不動産屋さんの広告は、アパート、マンションが多く、あまり戸建てのご紹介は見たことがないという人が多いのではないでしょうか。

ファミリー層では、「子どもがある程度大きくなるまでは、一戸建てに住みたい」というニーズも確実にあるため、周囲の物件との競争力は高いでしょう。希少性がある分、目につきやすいです。

・担保価値が高い

↓土地付きである点が、融資の上でとても有利です。自己資金を多く持ちだすことなく、融資を受けることも可能でしょう。

【デメリット】

・戸数が一個ずつしか増えない

↓これは区分所有マンションと同じ理由です。1つひとつが大きな買い物となってしまうので、資産の拡大は少しずつとなってしまいます。

・修繕が区分マンション以上となることも……

↓区分所有のマンションはあくまで一部屋ですが、一戸建てはマンションよりも手直しする箇所がぐっと多くなります。外壁部分、階段のチェックはもちろんのこと、もしコンクリート部分に水が染み出してきているのであれば、一旦全部剥がして中をみる必要があります。もはや、クリーニングによる原状回復ではなく、立派なリフォーム工事です。

・事業所及び商業ビル
↓所有している不動産物件に、法人やお店（アパレル、飲食等）が入る場合です。
　こちらの特徴も見ていきます。
【メリット】
・収益性は居住用よりも高い
↓月々のお家賃に関しては、居住よりも高く設定できます。そういった意味では、家賃収入という点では大きな収入を見込めるでしょう。

【デメリット】
・物件が傷みやすい可能性あり
↓火を使用したり、煙が多く出るような飲食を取り扱う業者さんだった場合、物件の汚れが目立ち、傷みやすくなるので注意が必要です。
・融資が厳しくなる
↓企業活動は浮き沈みがあります。日々の生活と違い、景気のよいとき悪いときがあると金融機関は判断しますので、融資の結果もしくは交渉はハードになると予想されます。
・立地に左右される
↓私は店舗経営に関しては素人ですが、お店にとっては立地が非常に重要となってくると思います（お客さん目線ではありますが）。前述の景気の波の話ともつながってきますが、融資する側では、そういった厳しい地域であるという現状も収益性を疑問視する材料となってきます。

②物件の構造による違い

投資用物件においては、大きく分けて代表的なものが2種類あります。そちらを紹介します。

ここでは細かな建築様式に関する知識はあまり触れず、あくまで投資用物件としてどうか、という視点に重きを置いて説明いたします。

・木造建築（W造）

その名の通り、木材によって建てられたアパートになります。

こちらの特徴としては、法定耐用年数が22年のため、融資をあまり長期間引っ張ることができない場合があります。そのため、限られた期間のなかで借入金の返済をするため、月々のキャッシュフローが悪くなります。

一方で、メンテナンスはしやすいです。規模があまり大きなものがないということもありますし、劣化した部分も、その一か所のみ取り換えれば済むという場合が多く手間がかかりません。

また、あくまでこれまでの一般的な言われ方ではありますが、建築費を抑えて建てるため、利回りを高く確保できるという点もあります。不動産投資初心者の方は、まずは木造から始めるのがよいのでは、と個人的は考えております。

※建築費は上がる傾向にあり、一度上がると下がるということがまずないため注意が必要です。

・コンクリート造建築（ＲＣ造）

ＲＣ造と呼ばれるものです。こちらは法定耐用年数が47年です。そのため融資期間は長く取れます。もちろん、気をつけなければいけない点もあります。建築費は木造よりも確実に高くなるため、利回りは厳しくなります。

都会ではなく、地方の物件を狙えば利回りは確保できるかもしれません。しかし、その場合、建物の値段に比べて土地の値段が安くなる傾向にあるので、土地を重視する金融機関からは厳しい評価が出るでしょう。

また、耐久性がある一方でメンテナンスには注意です。前述しましたが、コンクリートは建物内部で問題（大きなひび割れ等）が起きてしまった場合、大きなリフォームとなります。入りも大きければ出るのも大きいというイメージを持っておいてください。

③ターゲットとなるエリアの違い

簡単に言いますと、都会か地方かという違いです。それでは見ていきましょう。

・都心もしくは大都市圏の物件

【メリット】

入居が安定しており、空室となる期間は短くてすむでしょう。

※物件の状況、駅からの距離についてはいったん考えずに記載しております。

【デメリット】

競争相手となる相手が数多くいること、地価が高いこともあり、利回りは低くなります。

・地方の物件

【メリット】

高利回りの物件が見つけやすいです。都心よりは、物件価格が低く抑えられ、また土地が広く部屋数も多く確保できるため、利回りは高くなる傾向にあります。

※先ほどのＲＣ造でも記載しましたが、この場合、土地よりも建物の価格がぐっと高くなり、融資の状況がどうなるのかわからないというリスクもあります（建物は減価償却されていくが、土地はすり減っていくことはないため）。

【デメリット】

空室や環境変化のリスクがあります。都会よりも人流が少ないため、一度空室になると、学生の入学や会社員の異動といった比較的大きな動きがあるまで、入居を見込めない危険性があります。また企業の移転や、大型施設の閉鎖といった変化もなきにしもあらずなので注意が必要です。

④物件からの距離による違い

購入及び管理する物件を、自宅から近距離とするか、遠距離までＯＫとするか、という意味となります。こちらも見ていきましょう。

・自宅から近い物件にするとき

【メリット】

運営コストが安く済みます。購入を検討する際の物件調査も簡単に済むでしょう。

また、もし物件に何か事故が起きてしまった場合でもすぐ駆けつけることができます。リフォームや清掃がちゃんと行われているかの現地確認も簡単に行うことができます。

【デメリット】

投資の対象地域は狭まりますので、選択肢は少なくなります。よい物件が出るまでじっくり待つことができる人向けのやり方でしょう。

・遠隔地の物件を選択肢にするとき

【メリット】

全国が投資対象となります。選択肢も増えるため、当然物件との出会いも広がります。

【デメリット】

前述とは逆に、運営コストは高くなります。往復はもちろんのこと、設備を直したいとき、現地の業者に知り合いがいないために相場がわからない恐れがあります。

⑤築年数による購入物件の違い

物件が建てられてからの年数の違いに関してになります。では見ていきましょう。

・新築もしくは築浅の物件である

【メリット】

新しいので家賃の値下げもしておらず利益の〝うまみ〟が一番よいときになります。

また、入居の競争力もあるでしょう。よほどの欠陥がなければメンテナンスに費用がかかることもまずありません。

【デメリット】

当然、狙う人も多いので購入の競争率が高いです。また、新築物件を建てるために土地の仕入が必要なため出回るのも少ないです。

そして、真新しい物件は値下がり前のため、高値での取引になり、結果的に利回りが低めになります。

・築古（中古）物件

【メリット】

新築と比べて物件価格が安くなっているため、利回りは高くなりやすいです。

修繕によって最新の設備に交換できることもできるでしょう。

【デメリット】

修繕費がかさむ可能性があります。また、（対策次第ですが）空室も新築に比べたら多くなるかもしれません。

⑥購入前の運用状況による違い

取得する前の物件の運営状況の説明になります。ここではざっくりとよい、悪いの観点で見ていきましょう。

・運用状況がよい物件

【メリット】

購入後も手間がかからず、安定的な収益を得ることができる。

【デメリット】

お手頃な価格で取引されることが少ない。

・運営状況が悪い物件

【メリット】

修繕及び運営のやり方次第で、高収益と安定した入居の物件に変えることができる。

【デメリット】

リフォーム、修繕の設備投資が高額となる恐れあり。

⑦購入後の運用手段の違い

取得後の運営、管理の違いによります。こちらは管理会社にまかせるか、自主管理かの視点で見ていきましょう。

・管理会社へ委託する場合

【メリット】

入居に関する募集やトラブル、清掃、定期確認等々の仕事を管理会社に任せることができます。そのため、自分の時間がつくれ、今後の計画を練るといったことに余裕をつくり出すことができます。

【デメリット】

管理会社へ手数料を支払うことになります。コスト意識が敏感な人は気になってしまうかもしれません。また、管理会社に丸投げしてしまった結果、自分の物件の状況把握が全くできていないという事態も起きやすいです。

・自主管理の場合

【メリット】

コストを自分でコントロールすることができます。ＤＩＹが得意で何よりも好き、という人は苦にならないかもしれません。また自分で管理するため、物件の詳細もしっかり把握することができるでしょう。

【デメリット】

入居者のトラブルについても、すべて自力で対応しなくてはなりません。また草刈りや入金管理といった業務をすべて１人で行うのもかなり苦労が多いと予想されます。

投資スタンスを決める重要性

しつこいようですが、自分に合ったスタンスを決めるのがなぜ重要なのかを今一度お伝えします。不動産は立地を変えることができないものなので、自分にとっての初期設定を決めておくことが重要です。

そして、スタンスを決めることで得ることができるのが次のことです。

①投資スピードが高まる

自分にとってのターゲットである物件が決まります。そのため、必要のない情報を避けることができます。

狙っている物件に関する情報（相場、土地勘）の収集スピードも格段にアップします。

そのなかで「この情報はちょっとないな」という判断する精度も確実に上昇するでしょう。自分にとっての大事な「コンパス」ができ上がるというイメージです。

②両立できない条件が理解できる

１００％満足がいく物件はありません。自分なりの投資スタンスを決めていけば、共存できない条件というものがはっきりしていきます。例えば、

◆戸建てで空室リスクを分散できる
◆遠隔地の物件で、積極的に自主運営できる
◆築古でリフォーム無しで価値を高める

これらすべてが成り立たないことがおわかりになるかと思います。こうした「あれ、おかしいぞ」と思うことができることで、怪しげな情報をつかまずにすみます。

もしスタンスが決められない、というときはまずは物件をたくさん見ることが重要です。数をこなすことで、やりたいことやるべきことが見えてきます。

煌びやかなアピールには絶対に乗らない

ＳＮＳ上で、華やかな写真を載せている投資家や大家さんをみかけることがあります。また、「３年で資産１億円をつくった男」（例えばですよ）といったキラキラ系の投資家も見かけます。

いっさい話を聞く必要はありません。

うすうす皆さんも気づいているでしょうけど、ほとんどがかなり話を盛っています。特盛レベルです。そもそも資産１億円超だとしても、どこを基準にしているか不透明です。貯金額が超えているのか？　年間のキャッシュフローが超えているのか？　自分が投資した額が超えているのか？　所有している物件の評価額が超えているのか？　詳細は隠しています。

そのため、信じる必要はありません。頑張る人にとって何の役にも立ちません。

「勉強」と「情報収集」は永久に終わらない無限ループ

「まだ勉強不足だから」「これが終わったら」「まだそういう時期ではないから」「しっかり情報を集めてから」等々の理由で生み出せない方も多いかもしれません。1つ言いたいのは、情報収集は新たな情報収集を呼ぶだけです。

勉強に終わりはありません。うまくいっている大家さんも何もしていないということはなく、不動産経営に関するアンテナを日々研ぎ澄ましています。つまり、やりながら勉強して軌道にのせていることがほとんどです。

いま、踏み出そうかどうか悩んでいる方は、「勉強なんてチマチマやらずにはじめちまえ！」とお伝えしたいです。

第4章まとめ

・夢につけこむコンサルタントにご注意。
・群れるのはおすすめしない。
・自分に合った投資のスタンスを決めてみよう。

第5章　構築期（稼働させよう）

この5章では、実際に物件の調査から購入、そして不動産事業を立ち上げるところまでご説明いたします。

物件取得スケジュールを確認しよう

私の例で恐縮ですが、物件の調査から引き渡し（購入）までをざっくりとお話します。物件を調査する時間に個人差があるなど、差異があるところはあるかと思います。しかし、大まかな流れとしては誰にも当てはまる内容です。ぜひ参考にしてください。

【物件取得スケジュール】

◆物件調査（購入する物件を決めるために現地調査をする）

約3～4か月：年末頃から開始して、毎週末や祝日を使って現地の物件を調査します。

↓

◆契約

購入の意思を固めるということで、不動産会社と契約を結びます。この契約は、売る側での不備や想定外の出来事が起きた場合、買う側から破棄することが可能です。

当時の日付：4月28日（期間の長さを把握しやすくするため、日付を記載しました）

↓

◆銀行面談と本申込み

融資の申込みを行います。その際、金融機関の担当者と面談を行い、購入する意思を伝えます。その際、金融機関から必要な提出書類等の連絡があります。内容については追って詳しく説明します。

※銀行が空いているときのため平日

←

◆仲介手数料の振込み

契約した不動産会社さんに仲介手数料をお振込みします。

当時の日付：５月１８日

←

◆管理委託契約（管理会社の決定）

自主管理ではなく、管理会社に物件を任せる場合は、委託契約を結びます。この契約は物件の引き渡しまでに間に合えば平気です。必ずしも「この時期でなければいけない」というものではありません。

管理会社との契約では、手数料の支払条件を確定することになります。恐らく月々の賃料の３～５％が相場でしょう。５％であれば、月々の賃料が30万円の場合、１万５０００円の支払いとなります。手数料は利益にかかるものではなく、月々全体の家賃総額にかかるものとご理解ください。

この契約のときに、家賃の送金日も決めます。管理会社にて集金した家賃の総額から手数料を差し引いた金額が、大家さんの口座に振り込まれます。

当時の日付：5月末頃

←

◆融資承認取得期日

金融機関からの融資金額、金利が確定します。

当時の日付：6月8日

←

◆金銭消費貸借契約（口座開設と火災保険のご提案）

借主が貸主に今後の返済を約束した上で、借入金を受け取る契約になります。場所は融資をしてくれる金融機関の会議室で平日に行うのが一般的です。

このときに、借入金を受け取り、返済する口座を決定します。家賃収入と借入金の受け取り、その返済の口座は一本化したほうが望ましいでしょう。家賃として入ってくるお金から月々の返済額を支払うという形式が効率的です。このとき、月々の返済日も決定します。

家賃の回収日の後に返済日を設定しておくのがベストです。「入ってきたものから支払う」という形にしておけば、月々の支払いで困るということがなくなります。もちろん、設定した口座に最初からある程度お金が入っている方は、どちらが先でも問題ありません。

借入金支払いの最初の1、2回を乗り切れる残高が口座にあれば、あとは家賃が入ってきた後支払うというサイクルができ上がっていきます。

また、このときに保険会社（代理店）の方が同席し、保険のご提案を行います。主に火災、水災といった被害が起きた場合の補償内容やお支払金額についての説明です。あくまで説明ですので契約の必要はありません。

※当時の時期：6月上旬～中旬の平日

↓

◆保険の決定及び決済内訳書の提出

さきほどの金銭消費貸借契約時に紹介された保険については、ご希望の（もしくは心配の）保険を決定します。火災、水災、地震等の種々あるかと思います。

例えば河川が近い物件の方は、水災を付けたほうがよい気もしますが……。もちろん個人の裁量ですので、特に心配ない、コストを減らしたい、という意識の方は保険をつけないという選択肢も可能です。

この時期に決済内訳書なるものも不動産会社から受領します（不動産会社が作成せずご自身でつくる方もいます）。要は、物件購入の決済での収支内訳書になります。こちらは追って概要をお見せします。

※当時の時期：6月中旬～下旬

◆現地の立ち合い　←

購入前の物件の最終確認になります。新築でしたらでき上がった完成物件、中古であればリフォーム後のものが問題ないか確認します。不動産会社さんと一緒に行くとよいでしょう。

専門家の視点で気づいた意見を貰えると思います。こちらは、特に平日でも休日でも問題ありません。

当時の時期：6月下旬～7月

◆決済、物件引き渡し契約　←

いよいよ、物件の購入です。晴れて正式な大家さんとして、法的に認められることになります。

これは平日に銀行の会議室で行われます。大きな金額の送金が行われますので、午前中から開始になるでしょう。万が一、ミスが起きたとしても修正できる時間帯である必要があるからです。

そのため、ぜひ普段のお仕事は一旦ストップしてお休みを取ってください。目の前に不動産物件が手に入るチャンスがあるので、今日だけは不動産を最優先でお願いします。スムーズにいけば、午前中にすんなり終わります。

当日は、売主、買主（あなた）、銀行のご担当者、不動産会社、司法書士（登記移転のため）、保険会社（保険契約する場合）、ガス会社（物件にプロパンガス等を設置する）といった様々な関係者とやり取りをすることになります。混乱しないように注意をお願いします。

当時の時期：７月31日

以上が大まかな流れです。購入の意思が固まって、不動産会社と契約を結んでから引き渡しまで約３か月。物件の調査を含めると半年前後。物件調査の段階で、自分が納得できる物件に出会うまでもっと時間がかかったとしたら、１年近くを要するかもしれません。「１年くらい問題ない」と思う人もいれば、「長丁場だ」と思ってしまう人もいるかもしれません。最短でも数か月は覚悟してください。

決して焦らないことです。焦って「欲しい、欲しい」という気持ちが先走ってしまうと、物件を見るべきポイントを見逃してしまう恐れがあります。

そんなときは、もし「設備に大きな欠陥がある」、「実は満室になっても収支が厳しい」といった問題を見落とす可能性も高くなります。

とにかく、じっくり待つというデンと構えた姿勢でいてください。

銀行向けに準備しておくものはこれ！（完璧網羅リスト）

融資を受ける際、銀行、その他金融機関のご担当者と顔合わせ、もしくは面談が必要となります。その際、提出（コピー化）を求められるであろう資料を次頁以降に列挙しました。かなり細かくまとめましたので、これを満たしていればほぼどの金融機関でも対応できます。もちろん提出を求められないのであれば、無理に出す必要はありません。

資料については、狙っている物件が絞れた後に銀行の担当者と会う、ということを想定して列挙しました。

そのため、【購入する物件の関連資料】、【申し込む個人（買主）の関連資料】、【申し込む法人の関連資料】（既に法人を設立されている方向け）の3点に分けて記載しております。それではご確認ください。


【購入物件関係】

□売買契約書、重要事項説明書、請負契約書
※不動産会社さんと結ぶ契約書一式です。
□不動産会社への支払済の手付金や仲介手数料の領収証（領収証未発行の場合は、振込控）
□購入時の諸費用明細一覧（仲介手数料、登記費用、火災保険等…概算で構いません）
※不動産会社さんに作成依頼してつくってもらいましょう。
□事業計画表（収支シミュレーション）
※書式自由ですが、修繕費や家賃下落率等を考慮して、ローン年数分ご作成ください。
※こちらも不動産会社さんに作成依頼してよいかと思います。
各書類すべて不動産会社さんに事前に依頼する必要があります。何日までに必要なのかしっかり

お伝えください。もちろん訪問前に内容のチェックを忘れずにお願いします。

【個人の関連資料】

□実印
□免許証（またはマイナンバーカード）
□健康保険証
□勤務先の名刺
□源泉徴収票（直近３年分）
□確定申告書（直近３年分）
※既に不動産事業を始められている方は、事業・不動産収支内訳書含む全ページ
□給与明細書（直近３か月分＋賞与直近１年分）
□経歴書（最終学歴以降の簡単な略歴でＯＫ）
□返済予定表（法人、個人含めてのお借入すべて）
※すでに不動産投資を始められている方は金融機関から届く返済予定表。
※個人で住宅ローンを支払っている方はその支払予定表。
□（借家、社宅に居住の場合）支払家賃額がわかるもの
□管理会社発行の家賃送金明細（直近３か月分。法人、個人ともに）
※すでに投資用物件をお持ちの方向けです。

□所有不動産の固定資産税の通知書（法人、個人所有のものすべて。地番、家屋番号がわかるものでもOKだと思いますので、謄本でも大丈夫です）
□金融資産確認資料（預金、株式、投資信託、債券等。保険解約返戻金。法人、個人ともに）
※預金口座は、直近3か月以内の入出金明細をご準備ください。記帳を忘れずに！　ネットバンキング等の金融機関をご利用の方は、銀行のご担当者の前ですぐ開けるようにID、パスワードのご準備をお願いします。

【法人の関連資料】

こちらはすでに法人を設立済みの方向けです。

□実印
□社判（作成している場合）
□履歴事項全部証明書　※面談時には直近3か月以内のもの
□定款
□決算書直近3期分（確定申告書、勘定科目内訳、法人概況等税務署提出の全ページ）
※法人を新設された方は提出不要です。
□試算表（直近決算期から6か月以上経過している場合のみ）
□賃貸契約書（法人所在地がレンタルオフィスの場合）

書類関係はデータだけでなく原紙でもご準備ください。

【その他、役員を務めている・出資している法人がある場合】

□履歴事項全部証明書
□定款
□決算書直近３期分（確定申告書、勘定科目内訳、法人概況等税務署提出の全ページ）
※新設法人の場合は不要です。
□試算表（直近決算期から６か月以上経過している場合のみ）

以上になります。先ほどお話しました通り、記載のものがすべて必要というわけではありません。ご紹介した資料が、「すべて揃っていれば怖いものはない」という認識でいてください。つまり、もっと少なくて済む場合もあります。

ただし、いつ聞かれてもよいように原紙を出せるように、しっかりファイリング並びにデータ保存はしておいてください。大家業で一番大事なのは資料整理といっても過言ではありません。

後述しますが、税理士や管理会社、不動産会社とやり取りするときに、さっと内容を確認できるような状態にしておくと話が早く進みます。

また、記載した資料がすべて必要というわけではない、と記載しましたが、状況が一変する可能性はいつでもあります。いままで、あまり厳しく融資のチェックをしてこなかった銀行が、１年後には細かく確認されるということは十分にあります。なぜならば予期せぬ不確定要素が発生して状況が変わるからです。

（不確定要素）

景気の変動

政策の転換（日銀の政策金利の変更）

大手金融機関への行政指導

悪質な金融犯罪の増加

大手不動産会社の倒産

ざっと例を挙げましたが、こうした不確定要素が複合的に絡み合うことで、不動産投資への融資そのものへの風当たりが厳しくなることがあります。

一例を紹介しますと、物件をつくるための建築費が値上がりし、日銀の金利も上がりそうな状況にもかかわらず、実質賃金は上がらず、家賃相場も停滞気味である。こうした場合、不動産運営の収益も減るであろうと判断されても仕方がありません。

大家業を目指す、もしくは始めようという方は、こうした外部要因はどうしようもありません。できることは、しっかり仕事をしてお金を貯めて、資料を整理しておくことだけです。

風向きが変わるであろうということを見越して、資料については原紙が整理できているという状況にしておいてください。

まさに、備えあれば憂いなし、です。

銀行での面談対策

資料持参もしくは事前にデータ送信して銀行のご担当者さんに送ったら、いよいよ実際の面談となります。

面談は平日に銀行の会議室で行われます。２時間はかかる可能性があります。最低でも、午前か午後の半休を取得してください。

服装はかしこまったものでなくて結構です。私服でも問題ありません。あくまで公序良俗に反するものでなければ大丈夫です。

面談で、物件に関することは事前に準備する、不動産会社との契約書等があれば問題なく対応できるでしょう。建築や法律の専門的なことを聞かれることはまずありません。

メインで聞かれることは、新規で借入する方の現状を確認することとなります。そのため次のことは簡単でよいので、説明できるようになっておいてください。

〈説明事項〉

①経歴について
②今後について

以上の２点です。こちらもあくまで聞かれたら、という場合ですので、①、②についてはあくまで聞かれた場合はちゃんと対応するようにしてくださ い、という意味で書きました。

①ですが、先ほど記載した簡単な経歴書（最終学歴以降）について、説明できるようになっておいてください。これまで「どういった仕事をしてきたのか」「普段はどういった仕事をしているのか」といったことを聞かれます。長く説明する必要はありません。寧ろ簡潔に説明したほうがよいです。

銀行の方が、概要を把握できるように手短にお話しするようにしてください。家族構成についても聞かれるかもしれません。こちらもあまり深い個人情報を話す必要はありませんので、失礼のないような対応で十分です。

そして②ですが、今後の投資の方向性を聞かれると思います。主に、積極的に部屋数を増やすのか、慎重によい物件との出会いがあれば購入するという姿勢なのか、ざっくりとした方向性を問われます。こちらもどれが正解というのはありません。

印象がよいかどうかは銀行の体制、担当者の考え、景気の状況といった様々な要因があるため、「この質問にはこの答えがベスト！」というものはありません。あくまで、自分としての考えを真摯に応えられれば満点です。「１００部屋目指します」でももちろんＯＫです。

何度も言いますが、これらは聞かれる可能性が高いものについて、もし聞かれたときのために頭の中で用意しておく問答集になります。圧迫してくる面接のように、かなりきつめに攻めてくるということはまずありません。失礼のないように、かつ自信をもって対応できるようにしてみてください。

不動産の評価方法

融資を申し込む際に、銀行が不動産を評価する方法は次の２つです。

①積算評価法

土地の路線価、建物再調達価格を元に土地と建物の２種類の不動産の価値を求める方法です。路線価とは道路に割り振られた土地1平方メートルあたりの単価を差し、建物再調達価格とは同等の建物を建築する場合の費用です。全国の路線価については、全国地価マップもしくは国税庁のホームページで簡単に調べることができます。路線価だけでなく、公示地価、近隣取引事例を考慮して評価を出す場合もあります。簡単な算出法をご紹介します。

（計算式）

土地評価額＝土地面積×路線価

建物評価額＝建物延床面積×建物再調達価格×（法定耐用年数―経過後築年数）÷法定耐用年数

（計算例）

土地３００㎡、路線価３００千円、建物延床面積５００㎡

木造1棟アパート築10年の建物の場合

※木造の１㎡あたりの再調達価格を１５０千円と仮定。

土地評価額：３００㎡×３００千円＝９０００００千円

建物評価額：500㎡×150千円×（22－10）÷22＝40909千円

物件評価額：90000千円＋40909千円＝130909千円

②収益還元評価法

投資用物件の収益力から不動産の価値をはかる評価法です。こちらは家賃収入からの想定するものになります。

融資の審査に関しては、基本的に積算評価の方が重要とされております。ただし、双方のやり方を把握することで、融資額がどこまでいくか想定する材料にしてみてください。

融資審査の流れ

次に、融資を正式に申し込んでから結果が出るまでの一連の流れをお伝えします。

申込者本人
←
担当者（稟議書作成者）
←
融資担当の課長
←
支店長

（担当者〜支店長：支店）

ここまでが支店内での対応になります。購入者（あなた）が直接足を運んで面談するのはこの段階までになります。続きまして、支店内での話が通った後の本部内での対応の流れをお話します。

本部での稟議案件となる
←
本部（融資部・審査部）担当者
←
本部次席担当者（副部長等）
←
部長（融資部長・審査部長）
←
融資担当の役員
←
常務取締役
←
専務取締役
←
頭取

銀行本部

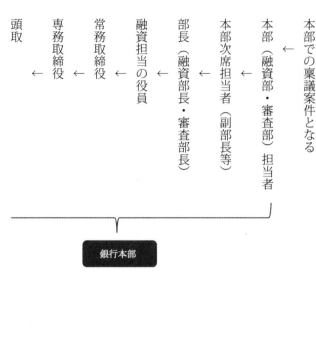

取締役会　←

支店内で完了する案件もあるかもしれません。ただし、金額が大きくなれば本部の承認なくして案件が動くことはありません。個人の属性と物件の潜在力の双方に関して厳格な審査が行われます。せっかちな人はヤキモキするかもしれませんが、近道はありませんので、辛抱強くお待ちください。

物件を見るときはここを確認しよう

不動産投資で一番重要なのは、物件調査といっても過言ではありません。不動産投資は購入するときに勝負が決まるといってもよいでしょう。といいますのも、物件を選ぶときに最も重要なポイントである「立地」が関わってくるからです。

「立地」は絶対に変えることができません。住所や周辺地域は個人の力ではどうしようもない問題です。この点について、物件の選ぶポイントも含めて詳しくお伝えしたいと思います。

まず、物件購入の際には、変えることができない定数と、変えることができる変数があります。

代表的なものを見てみましょう。

【定数】

◆立地（住所）

◆周辺環境

◆㎡数（一部屋、土地の広さ）
◆日当たり
※個人の力ではどうにもならないもの、というイメージです。

【変数】
◇外壁
◇内装
◇設備
◇募集条件（家賃等）
※費用の折り合いがつけばなんとかなる、というイメージです。

他にも色々な側面がありますが、右のような条件が大きく分けてあげられるでしょう。

【定数】としてあげたものについては、個人の努力云々でどうこうなりません。そのため、初めに物件を選択するときに失敗するわけにはいきません。「早く買いたい」「とにかく利益を出したい」という気持ちが先走ってしまうと、定数部分に問題のある物件を選んでしまうことになります。

一度、問題ある物件を選んでしまうと、その後の資金調達、入居者の募集、空室対策がずっと厳しいままになります。

リフォームで魅力的な物件に生まれ変わらせたとしても、大きく足を引っ張られる要素を残しておくと、安定的な収益は危ういです。何といっても精神的に気持ち悪いです。

逆に言えば、定数の部分をしっかりおさえておけば盤石と言えるでしょう。

では、その変えられない部分である定数のところをどう見ていくか、次にお話していきましょう。

まず、不動産会社さんから物件の紹介を受けるにあたって、物件の概要書を受け取るでしょう。

その書面は、物件の情報一式が記載されています。情報としては次のようなものです。
※例としての図表2を本章の100ページに載せておきます。
①売買条件（物件の価格）
②住所
③交通（最寄駅から物件まで徒歩何分か）
④土地
⑤建物
⑥法規制
⑦設備関係
⑧家賃
これらの8項目になります。これらがさっと確認できないのであれば、不動産屋に掲示可能かどうかを問い合わせてください。各項目を簡単に見ていきます。
①物件の購入価格です。念のため、税込か税抜かを確かめてください。
②はそのものずばり住所です。Ｇｏｏｇｌｅマップであらかじめ場所を見ておけば、現地確認前

のよい予習になります。土地の形や接している道路を見るとよいです。その他、周囲の町の状況を見てみてください。

④の土地は、物件が建つ土地の面積、坪数の記載があります。周辺の道路に接しているか接道状況についても記載があると思います。建築基準法では、建築物の敷地は道路に２メートル以上接していなければいけないという決まりがあります。その法律を遵守していることについても記載があります。

⑤の建物は、実際の建築物の情報についてです。木造か鉄骨かという構造について、次に床面積の広さ（１階、２階の広さ）はどうか、そして完成（予定）時期について書かれております。ここの部分で、どういった構造でどれくらいの大きさなのかといった大まかなイメージを持つとよいでしょう。

⑥の法規制は、該当の物件が法律の範囲内で建築されたものであることを記載しています。

例えば、次のような項目です。

◆区域区分

すでに市街地となっているか、森林保護等の名目で市街地とするのを控えている地域かを表す項目です。不動産物件を建てられるということは市街化に含まれますので、「市街化区域」と記載があるはずです。

一方、住宅や施設を認めない地域は、「市街化調整区域」と言います。

◆**用途区域**

どういった用途で土地を使用するか表すものです。アパートの場合でしたら、住居専用地域である旨が示されているはずです。

◆**建ぺい率**

敷地面積に対する建築面積の割合です。例えば建ぺい率60％と記載があれば、土地面積１００㎡のところに、床面積60㎡の建物が建つという意味です。

住居関係でしたら、30～80％ですが、地域によって異なります。購入する際に業者さんにしっかり聞いてみてください。

◆**容積率**

敷地面積に対する延床面積すべての割合です。例えば、土地面積１００㎡の土地に、1階60㎡、2階50㎡の建物が建った場合、容積率は１１０％となります。こちらも地域によって異なりますが、50～５００％の範囲であればＯＫとされています。

◆**防火指定**

火災の被害が拡大するのを防ぐために定められている地域のことになります。防火地域もしくは準防火地域といった指定となっているかご確認ください。

◆**高度地区**

建築物ごとに指定されている高さの制限を表すものです。

その他にも、景観法や急傾斜法といった建物に関する法律はありますが、先に挙げた6つの法規制をクリアしていれば問題ないでしょう。売買してくれる不動産屋さんと既によい関係を築けている方は、今更細かな規制を確認するまでもないかもしれません。信用、信頼が成り立っているため、違法な建築物をすすめられる心配もないからです。

ただ、法規制に関しては、あくまで念のための確認でよいかもしれません。違法な建築を堂々と流通させたとなれば、関わった建設会社、不動産業者などその後ただではすみません。というか建築までたどり着かないでしょう。明らかにヤバいという物件はふるいにかけられて、そもそも出回りません。法規制については、ちゃんと整備されているか念のためにチェックするという感じでよいと思います。

⑦の設備関係は、インフラについての記載です。水道、ガス、電気、排水設備についての記載です。ガスについては、新築の場合、プロパンガスのほうが都市ガスとあるよりも建築費は安価で、利回りに影響します。プロパンは定期交換する形式ですが、都市ガスはガス管設置のためにしっかりとした工事が必要となってくるからです。

⑧の家賃は、想定される家賃収入です。こちらは新築の場合は購入を検討している段階での想定家賃です。そのため、いくらか上下するとお考えください（概要書例を後に載せておきます）。

新築であれば、相場よりも2〜3000円高くても入居はスムーズなことが多いです。紹介してくれた仲介業者さんや管理会社さんと購入後に強気な価格設定で話し合ってもいいですね。

【図表２　新規物件概要書】

【住所】　　　【地番】

【交通】　徒歩8分　又は

【土地】	土地面積	〈実測〉 159.85 ㎡	48.3 坪		
		他にセットバック部分約3．64㎡有			
		〈公簿〉 ㎡	坪		
	地目	山林	私道負担	前面私道 約81.95㎡の内、持分8分の1有	
	接道状況	東側約3．2m私道（42条2項）に約5．57m接道			
	特記事項	※合分筆前に付き、面積に多少の増減の可能性があります。			
		※セットバック部分について、各棟の新規所有者との間に通行掘削に関する覚書を交わす予定です。			
【建物】	構造	木造スレート葺　2　階建　8　世帯　準耐火			
	床面積	階数		床面積	階数
		1階	82.89 ㎡		4階 ㎡
		2階	82.89 ㎡		5階 ㎡
		3階	㎡		合計 165.78 ㎡
	完成予定	平成　30　年　6　月　頃			
【法規制】	区域区分	市街化区域	用途地域	第1種中高層 及び 一部第1種低層	
	建ぺい率	60 %	40 %	防火指定	準防火地域
	容積率	200 %	80 %	高度地区	第1種高度地区
	その他	景観法・宅地造成等規制法・急傾斜地法・土砂災害防止対策推進法			
		横須賀市土地利用基本条例、横須賀市屋外広告物条例			
【設備】	飲用水	公営水道	電気	東京電力㈱	
	ガス	プロパンガス（要契約）	排水設備	公共下水	
【売買条件】	価格	65,700,000 円（税込）	手数料（税込）	3 %	
【家賃表】	想定収入	月額／　8　所帯		借上収入（　）	月額／　8　所帯
		賃料	466,000 円		保証家賃 円
		共益費	0 円		差引される建物管理費 円
		その他	円		
		合計	466,000 円		合計 0 円
		年額	5,592,000 円		年額 0 円
		表面利回り	8.51%		確定利回り 0.00%
【備考】	※町内会費有、月額2，400円の年払い　※ごみ置場は、行政及び町内会と協議中				
	※司法書士、土地家屋調査士は売主指定				
	〈仕様・設備〉全室ロフト付・ペアガラス・エアコン・カラーモニター付インターホン・洗浄便座・IHコンロ				

現地での物件調査

先ほどまでは、不動産会社さんから紹介された表面の情報です。では次に、裏面と言うと大げさですが、現地での物件確認についてお話していきます。

物件調査は、自分1人で行っても構いませんが、物件を紹介してくれた不動産会社さんに案内のもと同行してもらうのがよいでしょう。現地で気になった点をその場で質問できるからです。もしその場で回答をもらえないときは、後日しっかりもらうようにしてください。

また、現地確認は物件の全体像がわかるように、晴れた日の日中が適切です。入居者の方も夜は部屋の中にいて、物件の姿を見ることはないため、夜の外観は参考になりません。というか入居を決める際にあまり外観は重要ではない気が致します。

ただし、購入を検討する人は周辺等を含めて確認する必要があるので、昼間でお願いします。不動産屋さんは水曜休みが一般的なので、平日休みを取るか、週末、祝日を活用して現地に赴くようにしてみてください。それでは現地での物件確認ポイントをさらに見ていきましょう。

【最寄り駅とその周辺】

物件の最寄り駅を注意してみてください。駅で乗り降りする人はだいたいどれくらいの規模なのか実際に見てみてください。

ＪＲや東京メトロ、国土交通省でも乗り降りする人数をサイトにて発表しております。該当の沿線での人流がどれくらいの規模になりそうか、現地に行く前に予習してもよいでしょう。実際の駅がどれくらいの広さで、急行が停まる駅なのかどうかも一応みておいてください。

そして、次に駅の周辺をよくみてください。生活者の目線に立ってみて、駅から家に帰るまでに生活物資を調達できる、帰りにちょっと気晴らしができる、といったところがあるとよいです。具体的にはスーパーマーケット、定食屋、居酒屋といった場所です。

クリーニング店もあるとよいかもしれません。複数の銀行の支店またはATMがあるとよいですが、ネットバンキングやアプリが充実してきているため、これは優先順位としてはあまり高くないでしょう。

これは雰囲気になってしまいますが、駅周辺の活気というか明るさのようなものを肌で感じてみてください。

実際にお引越しした経験のある方は、駅周辺のどこを見てきたか、ということを思い出してみてください。もしくは、「自分が引っ越すならどこを見るかな」と入居を考える人の頭になってみてください。

【駅から物件までの距離】

不動産業界では、「徒歩1分で80m進む」を基準としています。つまり、駅から徒歩10分と記載があれば、駅から約800mの距離にあるということです。

これは誤りとまでは言いませんが、注意点が2つあります。それは、駅のどこを起点にしているかどうか、ということと、歩き慣れているかどうか、ということです。

1つ目ですが、駅のどこから歩き始めているかというところがポイントです。駅の改札からなのか、駅構内から完全に出たところからなのか、地下から出た地上口からなのか。歩き始めるポイントで時間はずれてくるでしょう。あまり神経質になるほど時間差は発生しないと思いますが、起点の定義は定められていないということは頭に入れておいてください。

2つ目は、初めての土地は到着まで時間がかかるという点です。仕事や生活拠点で現地をスムーズに歩ける人には徒歩10分以内で済むかもしれません。

しかし、土地勘がなく周辺地域を観察しながら歩いた場合、もしかしたら5分近く遅れるかもしれません。そうした誤差を考慮にいれて現地確認をしてください。「あれ、10分どころの距離じゃない！」と焦ることのないようお願いします。

個人的な感覚ではありますが、3～4分程度の開きであれば、入居にはあまり影響しない気がします。購入する方は、時間の誤差には強くこだわりすぎないようにしたほうがよいです。

通常、駅から近い物件の方が入居には有利です。駅から20分を超えてしまうと、入居の確率は低くなるだろうと思います。

しかし、物件の近くに通勤する職場や通学する大学、専門学校がある場合は話が変わります。「部屋がたまり場になりそう」という一抹の不安をよそに入居には苦労しないでしょう。

大学が移転となった場合でも、敷地が大きければ代わりによい企業がくることがあります。

【物件までの周辺環境】

到着までの間にも周辺地域のご確認お願いします。特に強豪となる物件があるかどうかを見てください。木造2階建てアパートを狙っている方は、同じ構造の物件があるか、ある場合はちゃんと人が埋まっていそうかご確認ください。ライバル物件があって嫌だ、というよりちゃんと入居者のニーズがあるかどうか、という視点で見てほしいです。

また、築古の物件があれば、その場でスマホを駆使して家賃を調べてみてください。その築古の物件の家賃が、新築物件の家賃の下落を見る際のベンチマークとなるでしょう。

他には、坂があるかどうかにもご注意ください。駅の利便性や物件の設備のキレイさがあれば問題はないかと思います。ただし、もし途中で強烈な坂があった場合は、同行してくれる不動産会社の方に坂が入居に影響を与える可能性について聞いてみてください。

バイクの人が多いので問題ない、駅に向かう途中での下り坂であれば問題ない、といった購入者の不安をやわらげる意見が業者の方からあり、それにあなたが納得できるかどうかが大事となってきます。

坂があるかどうかが入居を左右するほどではありませんが、業者と購入者の意見をしっかり擦りあわせておきたいところです。

【物件の外部】

物件に到着した際の確認ポイントです。「ああ、オシャレな感じでよいな」ではなく、あくまで利便性の点で観察してください。

◆ゴミ捨て場

入居者の方がゴミ捨て場はどこになるか確認してください。近所の方が捨てる場所にまとめて捨てるのか、物件の敷地内にまとめて捨てる形式かどうかです。

物件の敷地内にまとめるのであれば、ゴミの集積ボックスの有無の確認お願いします。もしないのであれば、ネットで安価なゴミネットもありますので設置をおすすめします（例：カラスいけいけボックス）。

◆宅配ボックスの有無

ＡＭＡＺＯＮをはじめとしたネットショッピングをしたことがない人はかなり少数派でしょう。不在時に受け取れる宅配ボックスの確認をお願いします。

入居者全員分のボックスを用意する必要はありません。６部屋の物件であれば、ボックスの数は３〜４個で、荷物の大きさに合わせて大、中、小３種類用意するのがよいです。

◆駐輪場、バイク置き場

単身者で徒歩のみという方は少ないかもしれません。敷地の問題もありますが、自転車やバイクをとめる場所、もしくはスペースがあるかどうかご確認ください。募集広告に「駐輪のスペースあり」という文言は思いのほか強みになります。

物件完成後に簡単な工事でつけることも可能です。スペースをチェックしてください。

◆敷地内の草木

除草剤をまいても草木はどうしても伸びてきます。共同住宅、戸建てを問わず、敷地内の1階相当部分が、草木が伸びそうかどうかご確認ください。春から夏にかけてはかなり伸び放題になってきますし、秋から冬にかけては枯れ草が積みあがることになりかねません。

事前に敷地の土壌を見ておけば、季節の変わり目で早めに対策を取ることができます。

◆お隣さんと接している部分

これは必須ではないかもしれません。入居者さんもしくは物件のお隣の方から、「窓から中が見えてしまいそうで心配」というクレームをもらうかもしれません。そういった不安を解消するために、あらかじめ共用部分の塀の上に、スモーク柄の板が取り付けられている物件もあります。

もし、見に行った際に、そういった板が取り付けられていない場合は、追加で発注する可能性があることもご承知おきください。当然、設置には費用が発生しますので、入居の対策を取るか費用削減を優先するか選択をすることになります。

◆災害保険の可能性

先ほど坂の話をしたかと思いますが、物件自体が坂の近くにあるかどうかも確認してください。土砂崩れの可能性を考慮にいれるかどうか検討しなくてはなりません。

また、近くに河川があるかどうかも確認してみてください。水災の恐れがあるかどうかを確認する必要があります。

また、物件が建てられている場所が、昔貯水池だったなんていう場合も過去見てきたなかでありました。地盤がしっかりしたところなのかどうかも確認するか、不動産屋さんに質問してみてください。

可能性は低いとは思いますが、災害の恐れがあるかどうかで、購入時に保険を掛ける必要があります。そのため、周辺環境のチェックは忘れないようお願いします。

以上が、物件の外部環境の確認ポイントになります。

次に実際に物件の中に入った時に確認することを見ていきましょう。

◆物件の内部

実際に物件のなかに入っての確認になります。不動産会社さんが所持している共有の鍵で案内してくれます。当日までに不動産会社さんからは詳細な設計図をもらうよう連絡してみてください。

ネット上での確認もできますが、より詳細なものがあって損はありません。設計図にて大体の構造を予習することができます。そうすれば現地確認での印象もさらに強くなります。

◆図面との整合性

万が一、図面と実際の物件内部が違うといったことがあるといけません。私はまだ見たことがありませんが、もらった図面と実際とでは部屋数が違う、といった事態も過去耳にしております。あまりに基本的なことの整合性が取れない場合は、購入を見送ったほうがいいかもしれません。

入居に問題があるかどうかではなく、信用上の問題で購入はおすすめしません。

◆**設備**

こちらも事前に調べることはできるかと思いますが、実際の設備面についてもしっかり目で見て確認するようにしてください。「これがあれば万事解決！」といった魔法のアイテムはありません。もっとも、人気であろう設備を次に記載します。

※単身者用の木造ワンルームでも設置されております。

①バス、トイレ別（ユニットバスは流石に入居には厳しい世の中になりました）

②追い炊き式の浴室

③ウォシュレット（温水式洗浄便座という名称で説明があると思います）

④カード式の鍵（セキュリティー意識の高まりから、通常の鍵よりも安心という方が増えてきております）

◆**広さ**

実際に部屋には入ってみて、広さを肌で感じてみてください。これは図面だけではわからない感覚です。新築で清潔だとしても、20㎡未満であると厳しくなります。部屋のなかに入り、「生活するにはどうだろうな」という想像力を働かせてみてください。部屋が変に細長くないかな、歪な形で家具が起きづらくないかな、といった視点が大切です。

◆**日当たり**

単身者であれば、日中部屋にいることは殆どありませんので、気にする必要はありません。一方で、ファミリー層向けであれば、日中から夕方にかけての西日がきつい、１日中太陽光が入らない、といったことが懸念材料になる場合がありますのでご注意ください。

見つかるまであきらめない

ここにきて基本中の基本に立ち返ります。俳優の米倉涼子さんがインタビューで「やりたいと思う人１００人、やる人10人、続ける人１人」という言葉を紹介されていました。物件探しも同じです。結局続ける人は１人です。

また、物件の購入も同じようなことが当てはまります。１００件見に行って、これはよいと思える物件は10件あるかないかで、そのうち融資審査を通るのは１件程度かもしれません。ひょっとしたら、１０００件見に行って、１００件よいと思って、10件買い付けを入れて、融資が通るのが１件かもしれません。

最後まで話がまとまらない日が続くと、さすがに面倒になる日もくるかもしれません。しかし、周りには諦めたり、長期で活動休止する人たちが続出すると思いますので、決して諦めないでください。

よい話がくるまで虎視眈々という姿勢で待つのも１つの手です。また、サラリーマンの方は本業があるため、そちらに専念する時間があればひとまず焦らずにドンと構えることができるのではないかと思います。

あらゆる物件が世界に2つとない

先ほど「諦めるな」というニュアンスで書かせていただきました。過酷な道へと突き進め、と言い放っているように見えますが、安心してください。物件調査を確実に続けていれば、自然と気持ちの切り替えができると思います。例え狙っていた物件が購入できなくても大丈夫だと思います。なぜなら、どんな物件も世界に1つという希少性を持っているからです。

不動産は個別性が高い事業です。住所、建設会社の特徴、周辺地域といった組み合わせがすべて一緒ということはあり得ません。そのため、物件調査に行けば、物件とのフレッシュな出会いが毎回待っています。「落ち込んでいる暇はない」のではなく、「落ち込んだのをすぐ忘れる」ような感じになると思います。物件調査はそれくらい興味深いです。外出して違う街に行くことを楽しむと同時に、現地確認することに没頭してみてください。

以上が、現地確認する際の注意点です。物件ごとに事情は異なるかと思いますが、基本的なところは外していないはずです。ぜひ参考にしてください。

収益の概算を把握しよう

第1章で「不動産投資はこうして利益がでる」にて利回りの出し方についてお伝えしました。ここではさらに詳しく具体的にお伝えします。表面利回りと実質利回りについてお話します。

表面ではなく実質で10％を超える利回りであれば、一般的には合格とはこれまで言われてきました。しかし、現実的に言えば、実質で10％を超える物件を見つけるのは困難を極めるでしょう。

不動産のサイトで有名な「楽待」にて都内、大都市、地方都市の収益物件を探してみると、一番多く見るのは6～7％という利回りの数字かと思います。

少しでも数字をよく見せようとしているはずなので、満室時の表面利回りと見て間違いありません。そのため、実質での利回りはさらに1～2％下がるとみてください。

ではどれくらいの利回りを下回ってはいけないのか。それは表面利回り6％を下回ってはいけないと判断いたします。その根拠も含めて、物件の収益の把握することをお話していきます。


【キャッシュフローの規模の把握】


不動産投資で重要なのは何といってもキャッシュフローです。

そのキャッシュフローを算出するときの注意点についてまとめました。

◆家賃収入

満室になったときの家賃の80％を計算してください。また、何部屋空いたら、月々の収支が赤字になるのかを把握しておいてください。その際、敷金、礼金といった毎月定期的に入るわけではない収入は計算に入れないでください。

◆租税公課

固定資産税や都市計画税になります。こちらは不動産業者さんから聞くと一番早いですが、その

【図表３　減価償却費の法定耐用年数】

	鉄筋コンクリート(RC)	鉄骨造	軽量鉄骨造	木造
居住用	47	34	19	22
事務所	50	38	22	24
店舗	39	34	19	22

作成：国税庁HPより作成　　単位：年

※その他、「水道利用加入金」がかかった場合は無形固定資産で15年の償却期間となります。

計算根拠も聞くようにしてください。融資の際の建物評価額で概算で出す場合もあります。

◆管理費

家賃収入の５％で計算してください。

10部屋満室であれば、10部屋満室の家賃収入の５％。10部屋中８部屋入居であれば、８部屋の家賃収入の５％となります。

◆減価償却費

建物評価価格から概算にて計算することになります。

建物の価格を法定耐用年数で割って計算します。

(例) ７０００千円の木造新築アパートの場合

概算の償却額：７０００００／22＝約３１８万円／年

減価償却は実際お金が出て行っていないのに経費にできるので、物件運営に欠かせない数字です。

減価償却の年数について、物件を図表3を例にしました。

◆支払利息

借入金の返済において、経費になるのは利息の部分です。そのシミュレーションについては、不動産会社のほうの計算と、自分自身で計算する数字を照合して計算するのがおすすめです。次の項目でご説明します。

【不動産屋さんのシミュレーション表】

仲介してくれる不動産屋さんからシミュレーション表を必ずもらうようにしてください。

添付例として2枚ご紹介します（図表4・5）。最低でもこれら2枚分の情報を精査する必要があります。物件例は木造の1棟アパートを想定しております。

図表4は、購入時の資金の詳細を記載しております。大きく分けて3段構成になっております。まず1段目は、物件の購入価格、購入するときにかかるであろう諸経費、銀行から融資してもらう総金額、金利、返済期間、月々の返済額、かかるであろう年間の固定資産税、年間管理費の記載です。

次に2段目ですが、入居が満室のときから、6割程度の入居のときの月々の家賃総額が三種されております。その下に月々かかるコストの内訳が記載されており、月々の家賃からそのコストを差し引いた収支が計算されています。そしてその12か月分が最後の行に計算されています。表をみると62％のときが、マイナス収支になっているのがわかります。そのため、この物件に関しては、70％から60％の入居のときに損益分岐点を迎えるのがわかります。

最後の3段目は、購入時の諸経費の詳細な内訳です。もしかしたら火災保険をなし、とすることは可能かもしれませんが、その他の不動産取得税をはじめとするコストは必ずかかってくるもので

【図表４　購入時の資金計画書】

9 世帯 ¥128,000,000 円　銀行11,600万円融資

種別	金額	
購入物件価格(税込)	¥128,000,000	円
（内消費税）	¥3,636,363	円
概算諸経費（約）	¥5,548,000	円
購入総額	¥133,548,000	円
自己資金	¥17,548,000	円
借入総額	¥116,000,000	円

種別	金利	融資額	毎月返済額		返済期間
銀行	1.900 %	¥11,600 万円	¥378,338	円	35 年
	%	万円		円	年
	%	万円		円	年
	%	万円		円	年

年間固定資産税額	¥400,000	円
満室時年間管理費	¥295,812	円

1LDK × 9 世帯

年間収入 ¥8,964,000 円　満室時想定利回り 7.003 %

入居率	満室	95%	90%	62%
予定金利・融資期間	1.900 % 35 年	1.900 % 35 年	1.900 % 35 年	1.900 % 35 年
月収入	747,000	709,650	672,300	463,140
固・都市計画税	−33,333	−33,333	−33,333	−33,333
管理費(3.0%＋税)	−24,651	−23,418	−22,186	−15,284
CATV等	−16,200	−16,200	−16,200	−16,200
自治会費等	−2,700	−2,700	−2,700	−2,700
建物定期修繕積立	−30,000	−30,000	−30,000	−30,000
毎月返済額	−378,338	−378,338	−378,338	−378,338
月収支　約	261,777	225,660	189,542	−12,715
年間収支	**3,141,326**	**2,707,917**	**2,274,507**	**−152,585**

購入時諸費用内訳（概算）

	項目	金額	備考	
	物件価格	¥128,000,000		売主様
	諸経費			
1	売買契約書印紙	¥60,000		契約書
2	固定資産税 都市計画税	¥200,000	以降の精算	売主様
3	火災保険	¥700,000	火災保険5年地震保険5年	保険会社
4	登記費用	¥1,000,000		司法書士
5	仲介手数料	¥2,776,000		RSK株式会社
6	ローン代行手数料	¥0		
7	収入印紙(銀行)	¥64,000		金融機関
8	金融機関事務手数料(消費税込)	¥638,000		金融機関
9	ローン保証料	¥0		
10	建物表示登記費用	¥110,000		土地家屋調査士
12	不動産取得税		約800,000円	税金
	諸経費計	¥5,548,000		
	合計	¥133,548,000		

すので、概算でもかまいませんが、ある程度の規模をおさえておいてください。

図表5は、実際の借入年数での収支シミュレーションと、物件を売却したときの想定額です。

この場合、1枚目にて借入年数を35年としておりますので、1年ごと計35年物件を運用し続けたときの収支の説明をしていきます。

家賃収入ですが、年間の家賃収入の総額となります。相場によって家賃を下げなければいけないい、もしくは空室が増えるということを想定して、年1％収入が下がるという辛めの評価で記載しております。

次に経費ですが、購入時にしかかからない費用（取得税他）もありますので、こちらは1年ごとに0・2％下がっていくことを想定して計算しております。返済額は銀行との元利均等返済契約のため毎年定額です。それらをすべて加味した上で収支を算出しております。

また、15年、20年、30年のときに修繕費用として差し引かれているとお気づきかと思います。こちらは経年劣化のために、設備、外壁といった個所にリフォームが必要となることを想定して差し引かれております。

次に右側の売却時の想定シミュレーションですが、まず利回りについて、購入したときよりも0・5％上乗せして売却を想定します。これは売り手に対して投資のうまみをアピールするためでもあります。そして、1年ごとに同様の割合を利回りに上乗せします。これは年を経るごとに物件価格が下落するため、購入価格も下がることを考慮して利回りの上昇を想定しております。

【図表５　借入期間の収支シミュレーション表】

「想定収支シミュレーション・売却想定シミュレーション（概算）」

初年度経費　−1,282,612　上記計算書による

	年間（円）					（円）			
経過年数	家賃収入a 年1%減少	経費b 年0.2%減少	返済 c	収支 d=a-b-c	収支累計 D	売却時 設定利回り 年0.5%上昇	売却想定額 A	融資残高 B	売却時 収支想定額 C=A-B
1	8,874,360	−1,280,047	−4,540,062	3,054,251	3,054,251	7.05	125,877,447	113,643,487	12,233,960
2	8,784,720	−1,277,482	−4,540,062	2,967,177	6,021,428	7.10	123,728,451	111,241,809	12,486,642
3	8,695,080	−1,274,916	−4,540,062	2,880,102	8,901,530	7.15	121,609,510	108,794,099	12,815,412
4	8,605,440	−1,272,351	−4,540,062	2,793,027	11,694,557	7.20	119,520,000	106,299,475	13,220,525
5	8,515,800	−1,269,786	−4,540,062	2,705,952	14,400,509	7.25	117,459,310	103,757,039	13,702,271
6	8,426,160	−1,267,221	−4,540,062	2,618,878	17,019,387	7.30	115,426,849	101,165,874	14,260,976
7	8,336,520	−1,264,655	−4,540,062	2,531,803	19,551,189	7.35	113,422,041	98,525,045	14,896,996
8	8,246,880	−1,262,090	−4,540,062	2,444,728	21,995,917	7.40	111,444,324	95,833,601	15,610,723
9	8,157,240	−1,259,525	−4,540,062	2,357,653	24,353,571	7.45	109,493,154	93,090,573	16,402,582
10	8,067,600	−1,256,960	−4,540,062	2,270,578	26,624,149	7.50	107,568,000	90,294,970	17,273,030
11	7,977,960	−1,254,395	−4,540,062	2,183,504	28,807,653	7.55	105,668,344	87,445,786	18,222,558
12	7,888,320	−1,251,829	−4,540,062	2,096,429	30,904,081	7.60	103,793,684	84,541,994	19,251,691
13	7,798,680	−1,249,264	−4,540,062	2,009,354	32,913,436	7.65	101,943,529	81,582,546	20,360,983
14	7,709,040	−1,246,699	−4,540,062	1,922,279	34,835,715	7.70	100,117,403	78,566,377	21,551,026
15	7,619,400	−1,244,134	−4,540,062	1,835,205	36,670,919	7.75	98,314,839	75,492,399	22,822,440
	大規模修繕費用			−3,000,000	33,670,919				
16	7,529,760	−1,241,568	−4,540,062	1,748,130	35,419,049	7.80	96,535,385	72,359,504	24,175,881
17	7,440,120	−1,239,003	−4,540,062	1,661,055	37,080,104	7.85	94,778,599	69,166,563	25,612,036
18	7,350,480	−1,236,438	−4,540,062	1,573,980	38,654,084	7.90	93,044,051	65,912,424	27,131,626
19	7,260,840	−1,233,873	−4,540,062	1,486,905	40,140,990	7.95	91,331,321	62,595,916	28,735,404
20	7,171,200	−1,231,308	−4,540,062	1,399,831	41,540,820	8.00	89,640,000	59,215,843	30,424,157
	中期居室設備等修繕費用			−3,000,000	38,540,820				
21	7,081,560	−1,228,742	−4,540,062	1,312,756	39,853,576	8.05	87,969,689	55,770,986	32,198,703
22	6,991,920	−1,226,177	−4,540,062	1,225,681	41,079,257	8.10	86,320,000	52,260,104	34,059,896
23	6,902,280	−1,223,612	−4,540,062	1,138,606	42,217,864	8.15	84,690,552	48,681,931	36,008,621
24	6,812,640	−1,221,047	−4,540,062	1,051,532	43,269,395	8.20	83,080,976	45,035,177	38,045,798
25	6,723,000	−1,218,481	−4,540,062	964,457	44,233,852	8.25	81,490,909	41,318,529	40,172,380
26	6,633,360	−1,215,916	−4,540,062	877,382	45,111,234	8.30	79,920,000	37,530,646	42,389,354
27	6,543,720	−1,213,351	−4,540,062	790,307	45,901,541	8.35	78,367,904	33,670,164	44,697,741
28	6,454,080	−1,210,786	−4,540,062	703,232	46,604,774	8.40	76,834,286	29,735,690	47,098,596
29	6,364,440	−1,208,221	−4,540,062	616,158	47,220,931	8.45	75,318,817	25,725,806	49,593,010
30	6,274,800	−1,205,655	−4,540,062	529,083	47,750,014	8.50	73,821,176	21,639,068	52,182,109
	大規模修繕費用			−3,500,000	44,250,014				
31	6,185,160	−1,203,090	−4,540,062	442,008	44,692,022	8.55	72,341,053	17,474,002	54,867,051
32	6,095,520	−1,200,525	−4,540,062	354,933	45,046,956	8.60	70,878,140	13,229,107	57,649,033
33	6,005,880	−1,197,960	−4,540,062	267,859	45,314,814	8.65	69,432,139	8,902,853	60,529,286
34	5,916,240	−1,195,394	−4,540,062	180,784	45,495,598	8.70	68,002,759	4,493,680	63,509,078
35	5,826,600	−1,192,829	−4,540,062	93,709	45,589,307	8.85	65,837,288	0	65,837,288

次の融資残高は、銀行に残っていると想定の借入残である融資残高を書いております。こちらは毎年、金利も含めて順調に返済していることとして、減っていくように記載しております。そして、売却想定額から融資残高を差し引いた額を売却したときの収支想定額としております。

これらは、物件の紹介で必ず業者さんからもらってください。フォーマットはもちろん会社ごとに違いますが、必要な情報は揃っております。そのため、足りない項目は業者の方に再度依頼するようにしてください。

また、数字の根拠、例えば諸経費の固定資産税をどう仮定して算出したのか根拠についても詳しく聞いてみてください。

その上で、自身でも算出をお願いします。業者の方の計算に誤りがないか、自身で算出した計算とズレがないかどうかです。

また、計画表では収支がプラスとなっていますが、実際にはこれに所得税、住民税、法人名義であれば法人税関連がかかってきます。長期で保有を考える場合は、リフォームのための積み立てが必要となり、売却を検討する場合は、仲介業者の方にやはり仲介料の支払いが必要となります。

こうした理由から、表面利回り７％までが、余裕をもって物件運営をできて、６％台になると要注意のレベルになるのではと思慮致します。

次に、検算するときの基礎的なテクニックをご紹介します。

銀行関係の方が、収益力を手早く把握するときに使う計算方法です。

【金融電卓の活用】

通常の電卓とは別に、金融電卓を活用して、返済額の凡そをつかんでおくようにしてください。計算方法及び使い方の具体例を記載します。

（購入のための条件）

◆金利　1・9％（固定金利と仮定）

◆融資金額　1億1600万円

◆返済回数　420回（35年　月々の支払）

以上を条件として計算してみます。

①左上の「固定金利」を1回押す。

②「借入額？」と出たら1億1600万円を入力／決定

③「利率？」と表示されたら1・9％を入力／決定

④「返済月数？」と表示されたら、420を入力／決定

⑤毎月の返済額が表示され、入力／決定か▶を押すと、返済総額と利息分も確認可能。

業者さんから提示される表を鵜呑みにせず、自分でも検算することで大きく外れていないかどうか必ずチェックしてみてください。10円単位の誤差は気にする必要は

【図表5　金融電卓例】

ありません。

しかし、数万円、数十万円ずれるようなことがあれば問題です。必ず業者任せではなく、自分でも計算をお願いします。自分なりのエクセル表をまとめて照らし合わせてみることもおすすめします。

よいエージェント（仲介業者さん）はここで判断しよう

よい物件を手に入れるか、外れをつかむことになるか。どちらに転ぶかはエージェントの腕次第と言い切ってもよいです。不動産投資に限らず、自宅であっても物件を購入するということは大きな決断です。その決断を間違ってしまうと、その後の生活水準を左右するでしょう。

しかし、不動産会社さんもあくまでお仕事で投資家とお付き合いをするという側面は避けては通れません。そのため、投資家の人生を豊かにしてあげようと責任をもって営業してもらうよう求めるのは酷な話です。投資家として購入者がしっかりリテラシーを高めること、不動産会社さんが、顧客の利益を優先しようと動くことが結びついて、よい投資となります。

ここでは、その顧客の利益優先につながるであろう、不動産売買の仲介業者さんの特徴を確認ポイントとしてお伝えします。大事なところなので、しつこく書かせていただきます。

主に８つの視点でまとめております。うまくいけば仲介業者さんによっては継続的な顧客、投資家にとってはまかせて安心のエージェントとなり、双方に多大なメリットとなります。

◆物件のメリット、デメリットを伝えてくれるか

新しい物件を紹介してもらう際に、その物件のよい点、悪い点を冷静に伝えてくれるかどうか。これがなければ即アウトでしょう。そもそも100%完全無欠の物件はこの世に存在しません。

よい土地に建っている物件は、土地値が高くなるので購入価格が高くなります。そうすると自ずと利回りは低くなります。ただし、土地の形がきれいであれば、整った部屋を用意することができて、入居者の募集は容易になるでしょう。

一方で、立地にそこまで恵まれていない土地に建てられた物件は、土地を安く仕入れることができるため、購入費を安く抑えることができるため利回りを高くすることができます。結果的にキャッシュフローも確保できると思います。

ただし、一旦退去者が出てしまった場合、もしかしたら入居に苦労するかもしれません。そういった場合は、物件の設備を最新式にする、駅から近くはないけれど周辺にはこういった施設がある、といったアピールで対応策をつくりだしていく必要があります。

こうした、物件の特徴を冷静に伝えてくれるかどうかをしっかり聞いてみてください。プラス、マイナス面を冷静に秤にかけて、購入するか否かを自分で決めさせてくれる。そういた流れに持って行ってくれる不動産屋さんがよいです。

購入検討の段階で不安な点が出た場合、それをカバーする対策も話してくれたら最高です。間違っても物件のよいところしか言わない人とは付き合ってはいけません。「新築でキレイでしょ！」「申

込みが殺到の状態で逃したらもうチャンスがないです」といったアピール全開の人です（だいぶ少なくなっているとは思いますが）。

投資家にとって必要なのは、チアリーダーではなくエージェントです。あなたの知りたかったこと、気づかなかったことをたとえ耳の痛いことでも伝えてくれる人を選んでください。

例として、物件のプラス、マイナスの面をお伝えします。物件を確認するときや、不動産屋さんと議論するときの参考にしてください。

◆物件のプラス、マイナス例

①駅から少し遠いけれどスーパーやスポーツジムが帰り道にある。
②駅から少し遠いけれど静かな住宅街のなかにある。
③表示されている㎡数は小さいけれど、ロフトが広め。
④歩道は平坦ではないけれど、大学が近くにあり、入居者に困らない。
⑤街は小さいけれど、競合となるアパート、マンションが少ない。
⑥設備は少し古いけれど、大企業が社宅として使ってくれる。
⑦物件価格は高めだけれど、銀行から借入期間を長期で取れそう。
⑧部屋数は少ない代わりに、物件価格を低く設定できている。
⑨家賃収入はあまり高く取れない代わりに、借入金利は低く取れそう。（景況感による）

⑩物件自体は小ぶりだけれど、新しくてメンテナンス費用がかからない。

ざっと10項目書かせていただきました。もちろんこれらがすべてではありません。「物件には長所、短所がある」ということを踏まえて、不動産業者さんとのお話にのぞんでください。

そして、物件に対して一方的な意見だった場合、「本当かな？」という違和感を持つようにしてみてください。

◆物件の売却経緯を正確に教えてくれるか

新しく物件が出たときに、その売却経緯をちゃんと教えてくれるかどうかという意味です。

元の土地の持ち主が管理をやめたいから売却して現金化する。

物件の持ち主が、新しい物件の購入のために資産の入れ替えをする。

こうした理由でしたら一般的で問題ありません。しかし、もしいわくつきの土地、物件だったら話はガラッと変わってきます。

①凄惨な殺人事件が起きた場所だった。
②土地の地盤が弱く、災害が起きたときに危険だ。
③違法建築に引っ掛かっている。
④近隣トラブルが絶えない。
⑤異臭、汚水トラブルをかかえている。

他にもトラブルはあるかと思いますが、こうした問題のために売却となったのであれば購入を見合わせる必要があります。図太い投資家の方は、利益がでれば構わないとばかりに購入まで進むかもしれません。

しかし、確実に投資収益を狙う方は避けたほうがよいです。投資家にとって不安要素となりそうな経緯の裏を取ってくれて、情報を開示してくれるかどうかで判断してください。

もちろん、危険な物件はそもそも紹介されることが滅多にないかと思います。なので、紹介された物件の売却経緯を聞いたとき、あまり答えてくれない人に出会ったときはご注意ください。

正確な情報を隠していた場合は、契約不履行で破棄となりますので、ご安心ください。

◆つながりを持っている

売買に関してはもちろんですが、物件に関する様々な業者さんとつながりがある仲介業者さんかどうか聞いてみてください。その後の運営が非常に楽になります。

例えば購入後の管理会社や、税務申告するときの税理士。設備を直したいときの施工会社の方や、防犯に関するセキュリティー会社、そして不動産トラブルに強い弁護士。当然、借入するために複数の銀行とよい関係がある方であることは必須です。

物件廻りの困り事を解決してくれる業者さんを知っているかどうか。その点に注意してください。

仲介業者さんとしては、他の業者さんを紹介しても自分の売上にはなりません。しかし、購入者をトータルでサポートすることで、継続的に依頼してくれるようになることを知っています。

購入者としても「この人に聞けば解決する」という状態はとても助かります。

例えば、特定の一地域に強い仲介業者さんは、関係する業者さんをその地域内ですべて手配してくれます。そうすると地域や業界のことに既に理解がある人たちばかりなので、迅速に事が運びます。場合によっては相場よりも安価で仕事を引き受けてくれることもあるでしょう。

私の知っている仲介業者さんで、自身の地元で不動産業を営んでいる方がいます。同窓会にいくと、内装業、車のディーラー、建設業といった同級生が多く、仕事に関して強いコネクションを築けているそうです。

ぜひ特定地域に強く、様々な業者さんと関係を作れている人かどうかを確認してみてください。

◆返信が早い

基本中の基本に返ります。やっぱり返事が早い人は助かります。「すいません、他の仕事が立て込んでいるため云々」といったことを出してこない人はもちろん好印象です。誰しも用事があるわけで、わざわざ忙しいアピールをしてくるような人は若干不安になります。不動産購入という大きな決断をする人に対して、しっかりコミットしてくれるかどうか判断してみてください。

もちろん、早い返信をもらうための仕組みづくりも欠かせません。携帯のメールがよいのか、ＬＩＮＥがよいのか、電話がよいのか。自分と業者の方と早急なやり取りができるツールを確立することもお忘れなく。

◆一連の流れを把握している

物件の紹介から購入までのスケジュール、そして事前に準備が必要なものといった一連の流れを淀みなく説明できる方からお話を聞くようにしてください。

例えば、旅行ツアーのときのガイドさんのように購入者を安全に先導してくれるような方です。

◆シミュレーションをしてくれる

物件を購入する際に、収支のシミュレーションをしっかり出してくれるかどうかです。購入金額、借入額、金利、借入年数、諸費用といった数字を組み合わせて、１年間の凡そのキャッシュフローを算出します。また、購入時に必要な頭金（物件の〜％、仲介業者への手数料、諸費用）の合計も出してもらえます。

これらは銀行への説得材料として提出することができます。もちろん自分でもシミュレーションをするのは当たり前です。自分でも計算し、尚且つ仲介業者さんから出してもらうことで、収支に関して話し合えるようになるとよいです。

投資初心者の方は、収支シミュレーションをして、業者の方と「答え合わせをする」ような感覚で話すといいでしょう。数字でわからないところはどんどん質問してください。

◆不動産投資の経験があるか

できればのお話ですが、不動産会社さん自身が投資の経験がある方が望ましいです。物件の特徴を冷静に言ってくれるだけでなく、購入、運営時に気を付けるべき点を理解してくれるのであれば鬼に金棒です。説得力が全然違うので、頼りになります。

◆アフターケアをしてくれるか

購入後も物件の運営について相談できるかどうかです。すでに述べた「つながりがあるか」にも関わってくるのですが、相談したからといって営業の方の利益になるわけではありません。しかし、購入者と継続したお話ができるように長期目線を持っている営業の方は、スムーズに相談にのってくれるでしょう。

こちらも購入後の相談例をあげておきます。

(1)業者から設備補修の見積もり来たけどもっと安いところないか。
(2)物件で事故が起きた。早急に処理するときは何をすればいいか。
(3)入居者から設備に対するクレームが入った。対応策としてやるべきなのは？

物件の不測の事態には管理会社が対応してくれるのが基本です。そのため、セカンドオピニオンとして相談することになるでしょう。もちろん業者さんも自分の仕事に直接関係することではないので、あくまでセカンドオピニオンが必要になったときの相談でお願いします。

関係性が構築されていい段階での頻繁な連絡はご迷惑になって、結果よい物件の紹介が遠のく恐れがあります。

物件の運営の相談は同じ大家業をしている人に言えばいいのでは、という意見もあるかもしれません。個人的にはおすすめしません。物件は個別性の高いものですので、他人の意見が当てはまらないケースも多々あります。また、「上から目線」で来られても不快なのであまりやらないほうが得策なのでは、と考えております。問題があった場合は、不動産の専門家に聞くのが一番です。長くなりましたが、以上が不動産会社さんの判断ポイントになります。続きまして、金融機関とのやり取りについてお伝えします。

融資の力

本書の序盤で不動産投資のメリットとしてレバレッジ効果のことはお伝えしました。銀行の融資を味方につけた投資は資産の拡大スピードが跳ね上がります。

次にその融資について整理していきます。

まず、多数の不動産を所有していく方は、多額の借入をしている場合がほとんどです。すでに申し上げた通り、借入を活用することで不動産資産を効率的に増やすことが可能であること。さらに、「多額の借入＝危険ではない」ということをしっかり認識しているからです。理由としては２つあげられます。

◆不動産の購入は、不動産という実物の資産が伴っている。
◆借入金は入居者の家賃で返済していく。
これらの理由です。借入＝借金という認識が強いと、確かに抵抗を感じてしまうでしょう。しかし、資産と負債のバランスが取れているか、キャッシュフローを生み出しているか、といった点を把握していれば、借入は強い味方になってくれます。

借入するときの形式ですが、証書貸付という形になります。これは、融資する相手側から金銭消費貸借契約証書という書面（借入証書）を取って貸し付けるものです。長期での融資が、通常こちらにあたります。この契約により、毎月分割で融資された元金と利息を返済していきます。不動産を取得する際は、購入する物件を担保にすることになるでしょう。

融資金額の返済においては、返済方法が2種類あります。それぞれの概要説明とメリット、デメリットをあげておきます。

◆元金均等返済

借入額の元金を融資期間に応じて均等に割り、その利息を加算して返済する方法（月々の返済額の元金部分が固定されている）。

メリット
①総支払額が元利均等返済よりも少なくて済む。
②元金を毎月確実に減らすことができる。

【図表７　元金均等返済のイメージ図】

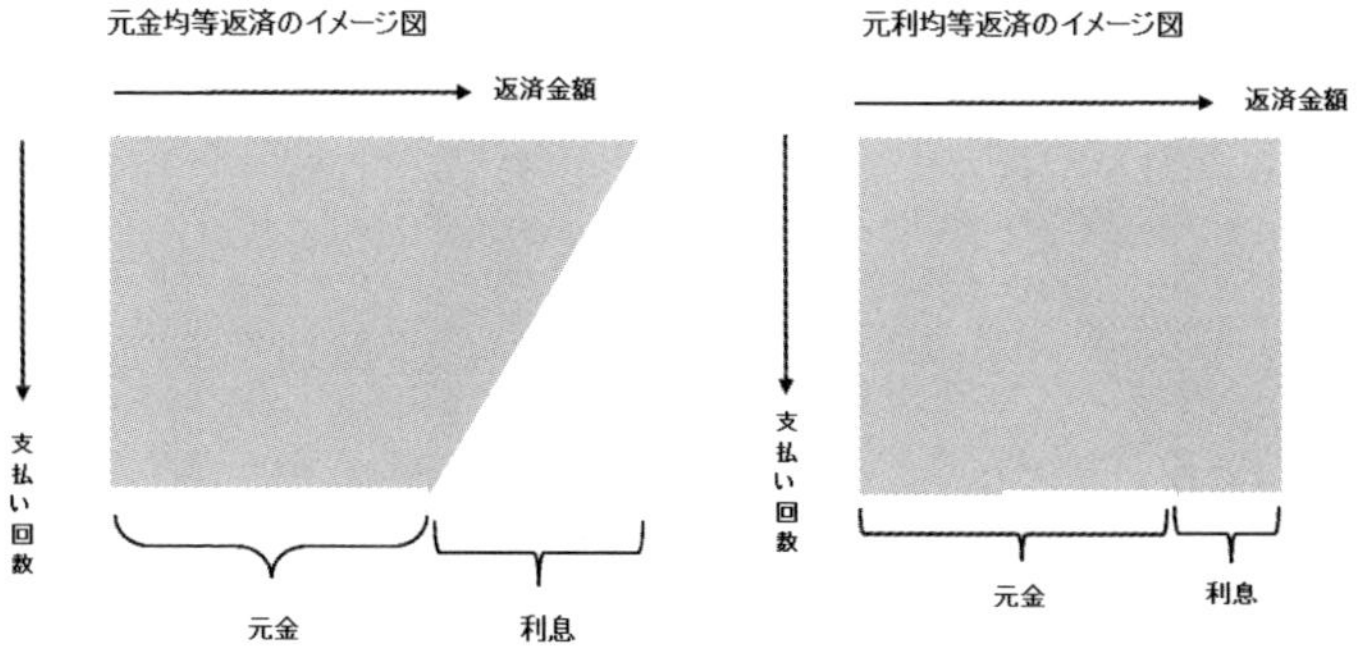

支払いの総額では元利均等返済のほうが多い。
支払い初期の時点では元金均等返済のほうが多い。

③返済期間の後半にキャッシュフローが多く出るようになる。

デメリット

①返済期間の初期に支払いが多くなり、キャッシュフローが厳しくなる。

◆元利均等返済

借入額の元金と利息額を合計した額が毎月同じ額になる返済方法（月々の返済額そのものが固定されている）。

メリット

①金利が変わらない限り、毎月の返済額は変わらないので返済しやすい。

デメリット

①元金均等返済に比べて支払総額は大きい。

②最初は金利の支払いが多く、元金がなかなか減らない。

③借入期間の後半はキャッシュフローが厳しくなる恐れがある。

既にお気づきの方もいるかと思いますが、物件の収益の概算のところでは、元利均等返済でシミュレーションさせていただきました。私個人としては、元利均等返済をおすすめしております。なぜなら、不動産投資をするにあたって次のような姿勢が軸となると考えているからです。

◆保有しているときにキャッシュフローを多く出す。

◆チャンスがあれば不動産を拡大していく。

元利均等返済の特徴は返済額が毎月固定なので、キャッシュフローの計算はしやすいと思います。さらに金利の支払額は経費となりますので、税金の控除対象となります。物件を運営していくなかで突発的にかかる費用が発生したときに、少しでも貯えがあったほうがよいに越したことはありません。

また、機会があれば不動産を拡大しようと近い将来考えている場合は、大きな金額が出ていかないように備えることも検討しなければいけません。

これは、不動産というより投資そのものに関わってくるのですが、いま手元にある100万円と10年後の100万円では価値が異なります。いま手元にあるお金は、預金したときの利子や、今後の運用次第で増える可能性を含んでいるため、10年後のそれよりも価値が高いと考えることができます。この考えをふまえると、返済初期の支払負担が小さい元利均等返済のほうが、より早くキャッシュの拡大に寄与するため、有益と考えています。

次に、融資の最重要ポイントである金利についてお話しします。これによって支払額が左右され、キャッシュフローに直撃する問題になりかねません。

大きく分けて変動と固定の２種類があることはご存じかと思います。それぞれの特徴、メリット、デメリットを見ていきましょう。

◆変動金利
基準金利の動きによって借入金利が変わる。
メリット
金利の下降局面では連動して借入金利も下がるので有利。
デメリット
金利の上昇局面ではその影響が直撃する。

◆固定金利
基準金利の動き如何に関わらず固定期間中は一定金利である。
メリット
金利が変動したとしても、確定しているので影響は受けません。
デメリット
①金利の下降局面で不利になります。

②変動金利よりは金利が若干高めに設定しています。

銀行の事情ですが、預金している人たちの金利と、銀行側の貸し出すほうの金利差の問題があります。定期預金を代表とする預金金利の動きと合わせて動くであろう変動金利のほうが銀行にとってリスクはありません。

一方で、貸し出す金利が固定のときは、金利情勢が高くなる可能性もあるので、銀行がリスクを避ける意味で若干割高になっております。どちらが確実に得するということではありません。ただし、銀行としてはリスクを取りたくないため、変動金利を何らかの形でおすすめしてくるでしょう。

もちろん金利情勢が上がったから、絶対に貸し出す金利がグッと上がるというものでもありません。個人の属性や不動産会社の交渉、銀行内の状況によって変わってきます。

続きまして、抵当権についてお話します。融資を実行するときには、不動産を担保にとることが通常です。これは債務者（お金を借りる人）に万が一のことがあった場合に、銀行側が確実に債権を回収するためです。担保に取るとは抵当権を設定するという意味になり、抵当権には主に2種類あります。

①抵当権

借入1件につき、抵当権1件が対応となります。別の案件の対象となることはありません。

つまり、該当の物件に対してのみ効力を及ぼします。融資が完済すると効力はなくなります。抵当権の設定額は融資の設定額と同額です。

②根抵当権

根抵当権の極度額の範囲内であれば、複数融資の担保になります。例えば私と銀行の間で1億円での範囲設定が行われた場合、その範囲内であれば何度でも借り入れ可能というものになります。

融資が完済しても効力は有効です。

根抵当権の極度額は、融資金額の1・1〜1・2倍と想定しておいてください。

私個人の意見ですが、①の抵当権の設定が望ましいと思います。1物件ごとにしか使えない性格のものですが、のちに売却を考えるとなると、スパッと完了させることができる抵当権のほうがよいでしょう。

もし根抵当権を設定する銀行と長い付き合いをする覚悟があるのであればいいのですが、残念ながら融資の流れは変わります。去年まではよい金利だったのが、今年から厳しくなるといったケースはザラにあります。市況を見て、金融機関を選択する余裕を持ったほうがよいので、抵当権をおすすめします。

融資項目の最後は、借入期間についてです。基本的なお話からさせていただきます。建物には法定耐用年数という法律で定められた減価償却の期間があります。この耐用年数が借入期間の長さに影響を与えてきます。耐用年数の期間内であれば価値を保持しているということになります。しかし、この期間を超えると借入をすることは難しいとされています。

例をあげてみますと、築10年を超えた木造アパートを購入したとします。木造の居住用建物の法定耐用年数は22年です。ここで借入期間を15年で融資を受けようとします。建築後の年数を見た場合、築10年プラス15年の25年になるまで融資することになります。しかし、建物自体は22年で価値がなくなるということになります。

中古物件を購入するときは、建物建築後の経過年数を確認することが重要です。耐用年数の期間内に融資を終了させようとする銀行もあります。

しかし、耐用年数を絶対条件として杓子定規に融資期間が決まるわけではありません。こちらも金利同様、物件の収益性や個人の属性、そしてその時の市況や銀行内部の方針によって状況は変わります。エージェントとして間に入ってくれている不動産屋さんと粘り強く銀行を探してみてください。

借入期間を長くなれば、金利による支払額は増えます。しかし、年間のキャッシュフローは改善されます。投資は何といってもキャッシュフローが大事なので長期で融資を受けることを第一として話をしてみてください。

参考表として、国税庁のホームページから、不動産投資に関係しそうな減価償却の一覧表をつけます。減価償却は大事な経費ですので、目安としておさえておくようにしてください。

では、次の項目では銀行との対面について触れていきます。

紹介してもらう金融機関について

融資の希望を出す際、金融機関へは必ず不動産会社を通してから行くようにしてください。いきなり窓口に行って「不動産の購入を考えています」と言っても、対応してくれる方も状況を把握するだけで手一杯で困ってしまうことと思います。

初見で相談する場合は、紹介を通したほうが話は格段に通りやすくなります。その場合、事前に不動産会社が購入予定の物件について話を入れておいてくれますし、購入者の属性についても事前に説明してくれます。

金融機関の人としても予習ができている段階です。さらに、不動産会社と該当の金融機関に取引の実績があれば信用力もあるため、「あの会社が紹介してくれるのであれば」と、金融機関から前向きな姿勢を引き出すことも可能です。ぜひ不動産会社さんの力を借りてください。

不動産会社さんが融資の交渉先とあたってくれる機関次のようなところ5件になるでしょう。自分が不動産投資を行う際に、一般的に言われていたことを傾向として記載しておきます。

【交渉先】

①都市銀行（メガバンク）

大企業を相手に融資を行う。個人が融資を受けるのは相当な資産家でないと厳しい。

②地方銀行

各都道府県を得意領域として営業している。個人の不動産投資に積極的に融資してくれる銀行もあり。

③信用金庫、信用組合

地域密着型で営業している。個人への融資も行うが、地域が限定されてしまう可能性あり。遠隔地での購入は厳しい。

④信託銀行

昔ながらの地主層と強い結びつきあり。新規で不動産投資を行う人には難しい。

⑤日本政策金融公庫

中小企業への融資を主体に行っているが、不動産投資の融資に利用することもできる。ただし、融資額の限度があるため、小規模物件の購入をメインにするときは向いている。

これら①~⑤については、「一般的に言われてきたこと」です。あくまでこれまでのイメージという感じでお考えいただければ幸いです。不動産会社さんと話をする際のベンチマークとして捉えてください。

環境や組織の都合で状況はどんどん変わります。もしかしたら都市銀行にて、個人の収益不動産向け融資を積極的に出すタイミングがくるかもしれません。今後どこがよい条件となるかは誰にもわかりません。そのため、不動産会社の方には粘り強く金融機関にあたってもらい、自分にとって一番条件のよいところはどこか探してもらってください。

その際、金融機関へのなんとなく好き嫌いで融資のお願いをするのはやめましょう。惚れるのは条件であってイメージではありません。極端に言えば、物件への愛は必要ありません。融資の条件を愛せるかが重要です。

１つの金融機関でダメだったとしても、不動産会社さんと粘り強く二人三脚であたってみてください。

続いては、銀行と面談の機会を得た場合の注意点をお伝えします。

金融機関はあなたのここを見ている

購入のために融資を申し込む場合、銀行の方とお話する機会があることはお伝えしました。投資を行う方は、社会人経験がしっかりおありになる方がほとんどかと思います。そのため、細かな対応について、私からあれこれ言う必要はないと考えます。そこで、懇意にしている銀行の方や不動産会社さんから聞いた話を参考に、「銀行の人からするとちょっと困ってしまう人」をご紹介します。

◆困った人①／関係ない話が多い

不動産投資とは関係ない話を長々としてしまう人です。本業とは違うので、緊張感がつい緩んで個人的な話をしてしまう。気持ちはよくわかります。自分もいつもと違う雰囲気や、新たな資産が増えるときは気持ちが浮つきます。

しかし、対する銀行の方たちは、厳しい仕事の最中です。

そうした方たちの前で、プライベートの愚痴や、仕事の大変さ、趣味の話などは、ほどほどにしておきましょう。あくまで、話を円滑にするための材料として話すにとどめておきましょう。

銀行の方の仕事がスムーズに終わり、こちらもちゃんと融資をしてもらえるという形に落とし込めるような対応でお願いします。

◆困った人②／情報開示に積極的ではない

投資家は、銀行側に自分の属性の情報を提供する必要があります。銀行側では、その情報をもとに融資を正しく判断する義務があります。そのため、保有している金融資産の残高や、家族構成といった個人情報を開示しなければ話が進みません。個人情報の開示に最初は抵抗があるかもしれません。

しかし、「情報漏洩が心配だ」、「家族の了解を得ないと開示はムリだ」といった理由で、融資のチャンスを逃すのはあまりにも勿体ないです。ここはビジネスであると割り切った対応をお願いします。

◆困った人③／他行との比較が露骨である

複数の銀行に融資の希望を出して、秤にかけながら一番よい条件を引き出す。条件とはここでは融資金額や借入期間、そして金利を指すわけですが。交渉のやり方としては王道かもしれません。

しかし、あまり露骨にやると銀行のほうから敬遠される原因となってしまいます。銀行側の対応やそのときの各金融機関の不動産に対する姿勢をみて、そうしたやり方を前面に出すか、におわせる程度に抑えるか決めてください。

エージェントである不動産仲介業者の方に、状況はどうか確認してもらうのも手です。

◆困った人④／概算の数字に疎い

不動産運営は、立派な事業です。そのため、概算となる数字が頭に入っていない人に対しては、銀行側から見てみると、不安になります。月々の家賃、経費、減価償却の年数といった物件を説明する上で重要であろう数字はおさえておいてください。そうしないと、担当者に対して「この人に1億円貸していいのだろうか」という不安要素を与えることになります。

ちゃんと覚えられるかあやしい方は、1～2ページの紙にまとめて持参してこたえられるようにしてもよいでしょう。

◆困った人⑤／要望に協力してくれない

融資してくれた銀行から、「うちで定期預金の口座をつくってもらえますか」といったご要望をいただくことがあります。その他にもお返しが必要なお話がいくつか出るかもしれません。

もし目に見えてコストが発生しないのであれば、要望にこたえてあげてください。今後のお付き合いを大事にすることで、次の融資への扉も開きやすくなります。

◆困った人⑥／反故にする

銀行では、融資の対象として、稟議にかけ、決裁の承認を必死で通すよう動いてくれております。

そのため、二転三転するような行為は控えましょう。銀行との取り決め後に、金利への不満を表したり、金消契約の2日前に購入をやめる等の行為はやめてください。

自分の将来に関わることで、必死になった結果決断が変わってしまうこともありますが、融資の可能性を潰すことにつながりますのでご注意ください。

◆困った人⑦／関係ない仕事を頼む

不動産投資の案件で話をしているのに、「銀行でだしている融資金額の推移を調べて欲しい」といった直接関係のない依頼をしてしまう方の話を聞いたことがあります。こういったこともやめてください。

銀行側からしたら本来の仕事とは一切関係がない上に、オーナーとしても必須の情報でもありません。いま目の前の案件をクリアすることにフォーカスしてください。

以上が銀行から見た「困った人」の例です。他にもありますが、代表例といえるのではないでしょうか。

通常働いていれば難なくクリアできることばかりですが、一旦職場から離れてしまうと、つい他人に対して適切な対応を忘れてしまう人がいるということをご留意ください。

銀行側も私情を排して極力ビジネスライクに処理してくれるとは思います。しかし、こちらの心無い行動のせいで心象が悪くなってよい融資を得ることができなくなる、といった状況は避けたいです。リスクアセスメントとしておさえておいてください。

早い返事が早いサイクルをつくる

不動産投資には様々な人が関わってくるということは既に何度もお話したかと思います。簡単に思いつくだけでも次のような人たちと関わることになります。

ここではあなたにとっての不動産投資チームということで認識してみてください。

◆不動産投資チーム

・不動産売買の仲介会社
・物件の管理会社（管理を任せる場合）
・賃貸の仲介会社（入居者を管理会社に紹介してくれる）
・税理士（決算書の作成や申告書作成を依頼）
・司法書士（物件の登記をしてくれる）
・弁護士（もし訴訟案件が起きた場合）
・銀行などの金融機関
・保険代理店（物件の地震、火災、水害の保険をかけてくれる）
・工務店（設備が壊れたときの修理をしてくれる）
・シルバー人材センター（清掃や除草を依頼する場合）

パッと思いつくだけでも、これだけ複数の人たちが携わってきます。こういった人たちの力をお借りして、満室経営が成り立ちます。

不動産投資家はこうした人たちにスムーズに動いてもらえるような動きをしていく必要があります。例えば、空室になったときに入居のお願いしたり、税金の支払いのため申告書の作成をお願いしたりする作業が発生します。そうした絶対に必要なことは早めにクリアしておきたいのがやまやまです。

もちろんこちらから「早くしてください！」「大至急です！！」といって催促するやり方もあるでしょう。こちらの要望を強く主張することもときには大切です。

しかし、私としてはそれよりもまず大事なことがあると考えております。相手の方々に早く対応して欲しいと強く願うのであれば、まず大事なこと、それは相手からの連絡にすぐ応えることだと思います。

相手にばかり迅速な対応を求めて、自分は返事を寝かせてしまうのでは示しがつきません。相手から、質問を受けたら即返事、どんなに遅くともその日のうちには返事をしてあげるようにしましょう。

こちらからの返答が早いことで、相手に「ああ、この人は動きが早い人なんだろうな」ということらの姿勢が伝わりやすくなります。心ある、もしくは仕事のできる人であれば、その後の対応が変わってくるでしょう。

自分自身に迅速さを課することで相手のフットワークにもよい影響が出るはずです。全然変わらない場合は、担当の人を変えるように頼んでもいいかもしれません。

特に、こちらからの返事が遅いと大きな損失につながる場合があります。例えば、入居希望の方からの質問が、管理会社経由で入る場合があります。内容は人それぞれです。「雑草が伸びていますが、刈る予定ありますか？」「大きめのバイク置いてもいいですか？」「単身用だけど、家賃多めに払うから同棲してもいいですか？」といった様々な質問がくる場合がります。

管理会社の方から、オーナーである大家の判断が必要な質問が入ったとき、決断が遅いのは命取りです。アパート、マンションといった物件は、数多くありますので、返事が遅いと、入居希望者はすぐ他の物件に逃げてしまうでしょう。

このように、相手に早く仕事をしてもらう、また、チャンスを逃がさないという2つの意味合いから、24時間以内の返信を絶対するようにしてください。

欲を言えば、業者からの支払いも迅速に対応したいところです。

◆不動産会社への仲介手数料

◆施工会社への支払い

◆清掃会社（シルバー人材センター）への支払い

各業者の方に依頼した場合、当然請求書が発生します。請求書を受け取ったら、支払期日は受領した日です。ネットバンキング、アプリ等を駆使して、早急に片づけてください。こうした積み重ねが、「一緒に仕事がしやすい大家さん」の信用をつくっていきます。あなたの頼み事を優先してくれる可能性を高めてくれます。

かなり個人的な印象ですが、仕事ができる人は食事や飲みのお誘いをしたときの、行けるか行けないかの判断が早い気がします。イマイチな人に限って、「調整してあとで連絡する」ともったいぶった割に「やっぱ無理」とか……（二度と誘いません！）。

話が逸れてしまったでしょうか？　失礼しました。とにかく、早めに返事することが大事と言いたかった次第です。

第5章まとめ

- 購入意思から決済まで要するのは最低でも3～4か月。
- 銀行に提出するリストは普段から整理しておくこと。
- 物件を見るときは、「変えることができないもの」に注目すること。
- 収支のシミュレーションは業者からもらうものと、自分で計算したものを照合すること。
- エージェント（仲介業者）は物件のプラス、マイナスをちゃんと伝えてくれるか。
- キャッシュフローの想定計算を特に重視する。
- 融資は、元利均等返済がキャッシュフロー改善にはよい。
- 金利は、変動金利は銀行都合ですすめてくることが多い。
- 根抵当権よりは抵当権のほうが、身軽な投資ができる。

・銀行をはじめとした不動産チームの人たちへの返答はすぐやること。
　それが早いレスポンスをもらえるコツ。

【コラム：不動産業界でこれから伸びる市場】

　不動産の世界を見渡していくなかで、これからさらに伸びるのではないかと考えている分野をお伝えします。既に似たような仕事はあるけれど、切り口を変えればもっとニーズを開拓できるのでは、と思われるところをまとめました。5つに分けてお話しいたします。

◆防災

　まずは防災関係です。不動産オーナーさんに向けてのサービスを想定しました。南海トラフ巨大地震というとてつもない災害が高確率で起きるとの見立てが浸透してきました。

　被害対策として、水、食料、カセットコンロ、仮設トイレといった被害対策用品を、オーナーから入居者で希望する人に販売するサービスはいかがでしょうか。単身者専用の防災グッズで優れたものがあるとオーナーさんたちは助かると思います。

◆セキュリティー

　治安は悪くなるということを想定したほうがいいので、防犯カメラ、ブザー、不審者撃退用のスプレー等がパッケージなっているものがあるとよいのでは、と考えています。大手の防犯会社さんだとカメラや施錠はよいものがあってもちょっとした小物類はなかなかない場合も多いです。オーナーさんにとって「この代理店に頼めばセキュリティー関係が一式揃う」というサービスがあると喜ぶ人も多いのではないでしょうか。

◆清掃

一口に物件の清掃と言っても色々な箇所があります。共用部分の廊下、敷地内で伸びきった雑草、外壁にびっしり生えた苔など。草刈りはできるけど苔は無理、といった分野が限られる清掃業者さんもいるため、こちらも「この会社に頼めば全体の清掃はＯＫ」という会社さんがあれば引き合いは強いでしょう。

◆修理

宅配ロッカーや駐輪場、部屋の窓といった様々な破損に対応できる業者さんを派遣してくれる会社があれば、オーナーさんにとっては安心です。

◆書斎（勉強部屋）のみの物件の賃貸

「家で勉強できない」という社会人、学生さん向けのサービスです。狭い住宅事情を解消するというニーズがあるでしょう。ただし、利回りや立地の問題が大きく立ちはだかると思うので、今のところ残念ながら妄想レベルではあります。

以上、最後の5点目を除いた4つに共通するのは、「ここに頼めば一式解決する」という一本化のニーズを満たしてくれるところです。特定分野内であれば、全て解決するという会社さんがあれば、オーナーさんとしても迷わず連絡できます。また、管理会社を通さず、自分で直接やり取りできるので、見積や作業内容についても明確で内容を把握しやすくなります。

第6章　稼働期（収益エンジンを回す）

有給休暇を最低でも3日確保しておこう

不動産会社さん、管理会社さんは土日でも営業しているところが多いので、週末を使って訪問するなど活動できます。

ですが、銀行をはじめとした金融機関は、当然ながら土日祝日は休業となっております。

融資を受ける際は、銀行との面談や、契約締結の場は避けて通れません。前述で、平日の銀行で行う契約事項と書きました。あらためてお伝えします。

【平日休みが必要となる機会】

◆銀行との面談

融資を検討してくれる銀行との面談があるとき、平日に休む必要があります。こちらで物件を買う意思を表明するとともに、銀行側での買主の審査が本格的に開始となります。面談自体は1日で終わります。後日再度訪問する必要はありません。

ただし、1行でスパっと決まればいいのですが、2行以上の面談が必要となった場合、1日のうちに複数の銀行での面談、もしくは2、3日お休みが必要となる可能性があります（連休ではありません）。

これに関しては、仲介してくれる不動産会社さんに交渉してもらい、最も条件のよい1行を絞ってもらうように交渉をお願いするのが吉です（最低1日休みが必要）。

◆金銭消費貸借契約

融資条件確定後の契約になります。スケジュールの項目で記載した通り、融資を受けて返済する約束をする内容になります。こちらは1日で完了します。

◆決済（物件の引き渡し）

物件の購入完了の日です。順調にいけば半休で済みますが、大きな金額が動くため、慎重に進めたい方は1日お休みを取ることを強くおすすめします。

融資希望の際は、この3つの大事な行事があります。そのため、有給休暇はぜひ3日は確保できるようにしておいてください。連休となることはありません。なお複数の銀行面談となった場合、4日必要となってしまう恐れがあります。

管理会社の判断ポイントはここだ

物件の管理についてですが、本書でも再三お伝えしておりますことで恐縮です。ご自身で管理できるのであればもちろん構いません。ただし、手数料を管理会社に支払うことで空いた時間に今後の計画を考えたり、自分の好きなことに時間を使うことができるのが不動産投資の醍醐味です。

物件オーナー自らが修繕、ＤＩＹをするケースももちろんあります。それが好きでプロ顔負けの腕であればよいのですが……。もし不動産投資に不労所得の魅力を感じているのであればやめたほうがよいでしょう。

個人的な意見が強く入ってしまいましたが、ここでは管理会社に物件をお任せしたほうがよいという流れでお話しします。まず初めに管理会社の主な業務についてまとめておきます。

◆入居者の募集、審査、そして賃貸契約の締結
◆家賃の集金とオーナーへの送金（管理料と相殺になります）
◆業者への支払代行（清掃、設備補修等）
◆入居者からのクレーム対応（例：虫が多く出る等）
◆定期的な点検や巡回及びオーナーへの報告
◆退去立ち合いと精算（オーナーの代わりに立ち合いをしてくれます）
◆更新や再契約の手続

以上がオーナー業をサポートしてくれる業務となります。

では、管理会社を選んで決める場合、どういったポイントに気を付けるべきかお話しします。主に次の5点です。

①実績

まず1つ目は、実績です。その管理会社の管理戸数と入居率をヒアリングするようにしてください。特に注意していただきたいのが、管理戸数に対する入居が90％を超えているかどうかです。

管理戸数が多いのももちろん重要ですが、会社としての管理実績が9割を超えていれば、新野の

物件の満室経営の確率も高くなります。

②定期的及び迅速なやり取り

２つ目は、定期的及び迅速なやり取りができるかどうかです。

空室の発生や入居の申込みがあった際は、早急に連絡をもらえるようあらかじめ決めておく必要があります。オーナーとしても、メールだけではなく、いざとなったときは電話をもらえるように依頼しておくとよいでしょう。

定期連絡としては、毎月の入金明細の送付と、物件の状況確認をしてもらう必要があります。入金明細は毎月の家賃入金に関わるので当然ですが、状況確認ももちろん大事です。

例えばのケースをお話すると、気候が暑くなってくると雑草が生い茂るようになります。その場合、業者を頼んで除草作業をしてもらうのか、除草剤をまいて対応するのか決定が必要です。あまり放っておくと、入居者の方からのクレームになってしまう恐れがあります。そういったリスクを未然に防ぐためにも、現地の状況を確認して報告してもらわなければなりません。

また、頻繁には起こりませんが、「入居者の方が2階から落ちて物件の設備が一部破損した」「入居者間のトラブルでケガ人が出た」といった事故に関連するようなことが起きた際は、至急連絡をもらうように念を押してください。

③入居の募集のやり方

３つ目は、入居の募集を専任で行っているか、他の会社にも依頼しているかどうかです。管理会社の入居付けには、2パターンあります。

専任というのは、自分の会社のみで入居の募集活動を行っているか。別の形式は、自分の会社を起点として他の不動産業者に入居者募集を依頼するやり方です。当然、後者の方がより幅広く業者に依頼することになるので空室は埋まりやすくなります。

一方で、他の業者に依頼するために「広告料」という募集にかかった費用が多く発生します。お値段の目安は、家賃1か月分が相場です。そのため、入居した月は家賃と広告料が相殺されて、利益は出ませんが、その後しっかり収入があることを考慮すれば安い出費だと思います。

④空室対策

4つ目は、空室対策がちゃんとあるかどうかです。

先ほど書いたように、広告料を付けることも大切な空室対策です。広告料は入居者をつけてくれた業者さんの利益になるので、モチベーションに直結します。そのため、必要経費として割り切ることが大事です。

その他、抵抗ある人が大半かと思いますが、一時的に家賃を下げるという手もあります。相場が6万円の地域で、あえて5万円にすれば、入居の確率はぐっと上がります。1万円家賃を下げることで、年間12万円損した気分になるかもしれません。しかし、もし空室が3～4か月続いたとしたら、その損失は20万円を超えてしまいます。赤字にならないかどうかの基準と、決まりやすい時期かどうかにもよりますが、時にはこうした決断も大事です。

これまであげた方法はあくまで例です。管理会社さんとの打ち合わせの際には、どういった空室対策があるのか聞いてみましょう。

⑤地元に強い

最後の５つ目は、地元に強いかどうかです。購入した物件の地域に密着した管理会社さんかどうかということです。

特定地域に長く根を張って営業されている方々のノウハウは強いです。厳しい時期の乗り越え方や、入居付けを頑張ってくれる業者、修繕が時な業者とのネットワークを強力に持っています。

規模が大きい管理会社さんかどうかは重要ではありません。あくまでその地域で長くやられているかどうかが重要な点です。ぜひそうした会社さんのお力をお借りしましょう。

以上、５点お伝えしました。管理会社さんにつきましては、自分で一から探すということはあまりなく、

【図表８　ＰＭ型の形式は募集窓口の広さ】

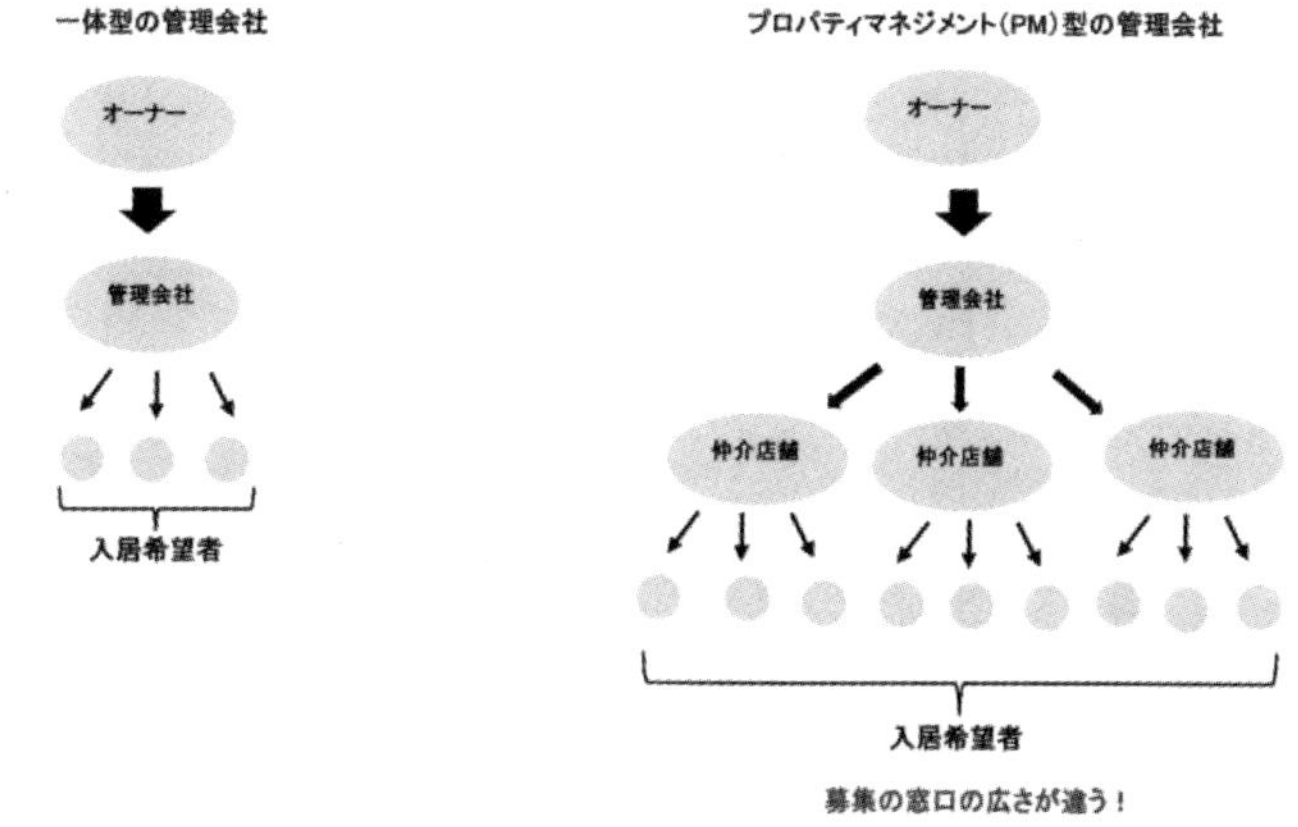

物件の売買を仲介してくれた不動産屋さんから、ご紹介してもらえることが多いです。その際、私が記載した内容を参考として、会話してみてください。

個人の確定申告

不動産投資を行うことで、本業以外で収入が発生します。収入が発生すると必ず必要な作業が同時に発生します。年に1回の確定申告です。「税金が高い」、「年に1回だと忘れそう」と言いたくなる気持ちになるかもしれません。しかし、そういった私情は置いておいて、国民の義務として必ず納税は行うべきです。

一方で、払う必要のない税金を払ってしまうことのないよう対策を講じることも必要です。そして、年間で自分がどれくらいの収入があって、どれくらいの税金を納めることになったかを確認する意味でも、確実に確定申告は行いましょう。

最近では、ふるさと納税、ｉＤｅＣｏ、ＮＩＳＡ、医療費控除といった誰しもできる節税対策があり、会社にお勤めの方でも確定申告がかなり身近になってきました。

さらに、転勤で持ち家、持ちマンションから離れる際、売却せず他の方に貸し出すという方も多くいらっしゃいます。そのため、個人での納税、副収入に対して抵抗ない方は多くなってきている感じがします。

個人的な意見ですが、こういった流れがどんどん広がっていくのが望ましいと思います。自分の経済状況の把握を、給与明細だけでなく自分の作業としてしっかり把握できるからです。

不動産投資を開始したての方は、法人を設立して所有ではなく、個人名義での所有の方が多いかと思います。そのため確定申告で必要なのは、白色申告か青色申告のどちらかになります。2つの申告報告に関してのメリット、デメリットを整理して記しておきます。

◆白色申告

（メリット）

・申告するための届け出が不要である。

・作成が容易である（簡易簿記で作成可能）。

（デメリット）

・控除を受けることができない。

◆青色申告

（メリット）

・税金の控除を最大65万円まで受けることができる。

（デメリット）

・申告に届け出が必要である（事業開始から2か月以内：国税庁HPより）。

・収支が赤字であれば、控除対象にならない。

・貸借対照表、損益計算書といった各決算関係書類の作成が必要（複式簿記）。

・保存が必要な書類が色々増える。

税金控除を考えるのであれば、青色申告が有利です。ただし、個人で申告する場合は作成書類が多くなり、保存書類も多くなります。エクセル等を使用してまとめるのもよいですし、現在様々なツール（会計ソフト等）が出ておりますので、それらを活用するのもよいでしょう。

確定申告の作成でわからないことがあれば、ご自身の納税先である税務署に質問するのがよいでしょう。ご担当の方が丁寧に教えてくれるはずです。答え合わせをしながらの申告になるので、正確なものを提出することができます。

その他、個人での確定申告でご注意いただきたいのは次の3点です。

①必要書類は取っておくこと

領収証や契約書といった関係書類はしっかり取っておいてください。しっかり整理整頓する必要はありませんが、「ここにすべてまとめてある」という状態にはして置いてください。

申告書作成の際に、「あの書類どこだっけ？」という状態になるのは思いのほかストレスになります。

②経費項目で減価償却費は特に注意すること

実際のお金は出ていかないにもかかわらず、経費にできるという特性を持っております。しっかり活用するかしないかで不動産事業の利益を左右するといっても過言ではありません。

減価償却できる期間として法定耐用年数が定められています。不動産事業に関係するものとして代表的なのは、木造建物（22年）、鉄筋コンクリート（47年）、水道加入金（15年：無形資産）といった数字があげられます。その他、これは減価償却の対象かどうかはネット上ですぐ調べることができます。運営上気になったときはすぐ確認して、申告の際スムーズに作成できるようにしてみてください。

③住民税は「自分で納付」を選択すること

年間所得は給与所得と不動産所得を合算したものになります。その合算した額に対して住民税が課税されます。

住民税を給与から差し引くことを希望されるのであれば、「特別徴収」を選択してください。少しでも、周囲にばれる可能性を低くしたい方は「自分で納付」を選択してください。この場合、給与から差し引かないで、窓口等での支払いか、口座振替となります。

税理士とのやり取りを確立させよう

不動産事業の要諦は、一にも二にもキャッシュフローです。収入から支出を差し引いて月々、もしくは年間でどれくらいのお金が手元に残ったか。それが生き残る事業運営に必要不可欠です。そのためには、経費、税金の理解が必須となってきます。

一般的には、3棟以上の規模となった場合は法人化したほうがよいとされております。あくまで相場での算出なのかと思いますが、3棟以上から得ることができる家賃収入が、税理士への支払い、税金の納付といった費用を賄うのに十分な規模だからと推察します。

そして規模が大きくなれば、決算書の作成や申告業務、帳簿作成といった作業も煩雑になってきます。先に書いたように、経費や税金への深い理解が必要な場面も増えてきます。

さらに、税務署の税務調査の対象にもなりやすくなります。こうした徐々に重くなってくる業務に対応してくれるのが税理士事務所です。個人ですべて完結することもできるのかもしれませんが、ここは不動産を順調に運営し、好きになっていくためには、税理士の力を借りたいところです。

「税理士を探そう」となったときに最も大事なのは「不動産の税制に強いかどうか」です。一口に税金といっても様々な分野があり、不動産特有の税制も存在します。その特殊性にしっかり理解を示してくれる税理士の方を味方につけることが重要です。

特定地域に強い不動産仲介業者さんの場合、自分のビジネス範囲内で、「不動産専門の税理士」を紹介してくれる場合があります。なぜなら、よい不動産屋さんはただ売るだけでなく、様々な業者さんを紹介できるという地元のつながりを持っています。

そうしたコネクションがあることが、大家側から見ると「あの人に聞けば困ったときの業者を教えてくれて安心」となり、その不動産屋さんにとっての継続的な顧客になってくれるからです。ぜひ探す段階になりましたら、一度不動産屋さんにきいてみてください。その他、税理士さんのチェックポイントは次のようになります。
□納税のスケジュールや、必要書類の提出方法、連絡手段といった通常のやり取りについて、明確

に教えてくれるかどうか

↓納税時期にあわせて、どういった書類をいつまでに欲しいのかという指示が明確かどうかです。また大家側が忘れている場合、しっかり連絡を貰えるのかどうかをはっきりさせておく必要があります。

□コミュニケーションが取りやすいか

↓もし横柄な印象を受けてしまう場合、あまりよい関係は築けないと思いますので、やめたほうがよいでしょう。

□料金が相場とかけ離れていないかどうか。

↓税理士事務所にお支払いする料金は大きく分けて「顧問料」「決算書作成費用」の2つになります。

いくら不動産に強いから、という理由だとしても、月々の顧問料が相場よりも2万円以上高い、となった場合はやめたほうがよいと思います。こうした相場を知る上でも、いくつかの事務所に問い合わせてみてお値段を聞いてみる必要があります。問い合わせだけならほとんどの事務所が無料ですので、あたってみてください。

そして、税理士に依頼する体制が整いましたら、次のようなことを実践してみてください。

・1～3か月に一度、領収証や管理会社からの賃料明細を税理士事務所に送付する（データでも可）

申告書作成は年に一度ですが、1年分の資料を一気に税理士事務所に送っても、向こうは困ってしまいます（特に申告時期は、事務所は大忙しです）。税理士のほうのスケジュールにもよりますが、1年の内に定期的に資料はお送りしてあげたほうが、向こうもやりやすいでしょう。

・自分のほうでも賃料や経費の概要を把握しておく

税理士の方にすべて丸投げでは勿体ないので、自分のほうでも概算で結構ですので、月々の賃料総額や、大体の経費を把握しておきましょう。

定期的に物件のデータを送っておけば、税理士のほうで試算表という決算確定前の集計データを作成していると思うので、自分のものと照らし合わせることで、経費の削減等について新たな気づきを得ることができます。

必要であれば、定期的に税理士と面談してもよいかもしれません。あくまでお時間があればで結構です。

所有物件の「顔」を把握しておこう

物件のオーナーになったら、概要の情報は頭に入れておくようにしておきましょう。物件の代表的な情報という意味を込めて、私はこれを物件の「顔」と勝手に呼んでいます。

この「顔」となる情報とは何かを記載します。

◆物件の購入金額
◆銀行からの借入金額、月々返済額

◆金利パーセンテージ（変動か固定か）
◆物件の完成と購入時期、地域
◆部屋の家賃と部屋数
◆物件の大きさ（一部屋の㎡数）
◆設備（宅配ボックスの有無、追い炊き、ウォシュレット有りか等々）

金額等については、1円単位で覚えておく必要はありません。金額の規模感がわかればＯＫです。こうした「顔」の情報を覚えておくと何かよいかというと2つ考えられます。まず1つは、大事な相場感を養うことができるということです。自分の物件が基準となって、情報に対する判断力が鋭くなります。

例えば新しい物件が出たときに、それが高くなってきているのかどうか。また、銀行の条件が出てきたときに、金利の条件が厳しくなってきているのかどうか。そして、物件の設備の仕様が、「あれ、あの設備はついてないのか？」といった様々な点に関してピンとくるようになります。

次に2つ目は、2棟目以降の物件紹介をスムーズにしてくれるということです。

不動産会社さんとお話しする機会があった場合、簡単でもよいので「顔」の情報をさっと言えるようになっていれば、「ああ、この人はこういう物件が好みなのか」といった強いプレゼンテーションとなります。そうすることで、業者の方も投資の傾向を理解してくれます。好みに近い物件が出た際は、優先的に声をかけてくれる確率が高まるはずです。

ですので、血眼になって覚える必要はありませんが、契約事項の書面は定期的に目を通して、「顔」を覚えるようにしてみてください。

オーナーはあまり素性を出さないほうがよい

自主管理されている方には、もしかしたら難しい方法かもしれませんが。不動産物件のオーナーは、不用意に入居者と接触したり、SNSで個人が特定されるような行動は一切しないほうがよいでしょう。

入居者と直接やり取りすれば、家賃の値下げ交渉や、設備へのクレームに直に対応しなくてはなりません。家族と過ごす時間を増やしたい、本業を充実させたい、そして今後さらに不動産運営を拡大していきたいのであれば、全力で避けるべきです。

もしかしたら、「あいつに家賃払うくらいなら出ていく」と退去されたり、退去時に不必要に物件を汚されたりといった嫌がらせを受ける可能性もゼロではありません。大家さんと入居者さんとの心の交流、といったものはほぼ幻想でしょう。

SNSで不動産投資家であることを積極的に発信するのも控えましょう。第4章にも書きましたが、個人を特定されるような発信の仕方はまずやめたほうがよいです。不動産オーナーは、全員リッチなわけではありません。空室で悩んでいる方もいれば、親からボロボロの物件を相続して途方に暮れている方もいます。

しかし、大家業を営んでいる、というだけで世間一般では富裕層のイメージです。

確かに、優良な物件を購入して満室で稼働すれば、手元のキャッシュフローは増えるでしょう。しかし、どんなに嬉しくても自分や家族のなかだけでとどめておいてください。

あくまで個人的な印象なのですが、メディアに出ている羽振りよくふるまう人の事業がうまくいかなくなったり、家族に（もしくは本人）逮捕者が出たときのネットのコメント欄の荒れ様は凄まじいものがあります。お金がある人の生活に対する溜まりに溜まった妬み、嫉み、怨念が一気に噴き出してきます。

要するに、どんなに金回りがよくなったとしても、それを誇ってはいけません。超高級ブランド品は持っていても、予約が取れないお店に行ってもインスタやFBにのせてはいけません。実名や素顔はもちろんのこと、家族の顔写真もやめましょう。それだけでかなりの危険は避けられるでしょう。

とにかく、余計な嫉妬をされないことが、自分らしい生活を送るために必要不可欠です。負の感情は本当に恐ろしいです。昔は身近な知っている人からの嫉妬だったのが、いまでは会ったこともない、見も知らない人から狙われることになります。国民の３％だとしても、約４００万人です。なまじ裕福と思われてよからぬ輩を引き寄せることになったら、元も子もありません。

ともあれ、不動産オーナーとして実生活をＳＮＳで披露するのは本当にやめておいたほうがよいです。大家業をすることは、他人からよからぬ感情を受けやすい立場であることをお忘れなく。

普段（毎月）やることはこれだけでOK！

この項目では、管理会社にお任せして不動産賃貸業を行っている方にお伝えします。自主管理の人向けではありませんのでご了承ください。私自身、自主管理の経験がなく、周囲にもそういった人がいないため、浅い知識を書くにとどまってしまうだろうと思い、控えました。

さて、オーナーの普段やるべき仕事ですが、特に何もありません。

賃貸業の醍醐味は、入居者に家賃を払ってもらい、管理会社が回収、送金、見廻り等の代行を行ってくれることで、キャッシュフローと自由な時間を増やしていくところです。稼働する段階に入ってしまえば、自分がいなくても回り続ける自動エンジンとなります。雑な言い方をしてしまえば、〝お金を増やして自分の雑務をどんどん減らしてく〟のが長所です。そのため、毎日、毎月必ずやらなければいけない必須の業務はないといっても過言ではありません。物件を買ったときにすべてが決まるといってもよいくらいです。

そうはいっても、真面目な方（皮肉ではありません）は、ただ放っておくのも気持ちが悪いかと思います。そういった方には月に一度は確認する作業が一応ありますので、次のことをお伝えします。

【毎月の確認作業】

①管理会社からの送金明細のチェック

②銀行の入金及び残高確認
③データ、資料の整理
④領収証の整理
⑤メールチェック（これは毎日でも可）
⑥（できれば）収支のチェック

この６項目でやるべきことは事足りるでしょう。それでは順に見ていきます。

①管理会社からの送金明細のチェック

管理会社から、毎月１回、書面もしくはデータにて、家賃の送金明細が届きます。これには、各部屋から回収した家賃の総額と、管理会社の月々の手数料が記載されており、最終的にオーナーにいくら送金されたかを示す資料となります。物件の定期的な見廻りの状況が記載されている場合もあります。

この資料によって、各部屋にて家賃の未払いがないか、入退去の状況を確認できます。入退去については、事前に管理会社からメール、電話がくるので、あくまで再確認用となります。

②銀行の入金及び残高確認

管理会社からの送金明細をもとに、実際の通帳にしっかり入金されているかを確認します。金額に誤りがないかをしっかり見てください。また、残高の金額もご確認ください。

万が一、銀行への月々の返済ができない残高だと大変です。

③データ、資料の整理

送金明細や銀行から届く返済予定表に関しては、しっかりわかるところに保管するようにしてください。確定申告で使用致します。個人でやる場合も確認のため必要ですし、税理士に頼む場合も、提出を求められます。

申告時期に慌てて部屋の中を探しまわるのは結構なストレスですので、普段からファイリングやデータ保存をお願いします。

④領収証の整理

申告の際、経費となるものがあります。税金控除となりますので、なくさないようにお願いします。ちなみにですが、経費となる代表的なものを挙げておきます。

「不動産事業に関係あるもの」という基準で経費への視点を持ってみてください。

【経費となるもの】

◆借入金の利息にあたる金額
◆備品（文房具、ファイル等）
◆郵便関係（業者への郵送に使った費用）
◆交際費（関係者と打合せした際に使った飲食代）
◆所有物件の光熱費
◆交通費（物件の確認に使った電車、バス代）

◆物件の修繕費
◆管理会社への月々の手数料
◆物件の減価償却費
◆税理士、司法書士への報酬
◆仲介手数料（不動産売買会社に支払ったお金）
◆保険料（火災等の保険に入っている場合）
◆情報収集のための勉強代（関連書籍の購入費用）
◆広告料（入居募集に使った費用）
◆物件にかかった税金（固定資産税、都市計画税、不動産取得税、印紙税、登録免許税）
◆自宅兼事務所の家賃（法人設立した方は、自宅全体に占める事務所割合分の家賃を経費にできます）
　また、経費にできないものとしては、「不動産事業に関係ないもの」が基準になります。

【経費にならないもの】

◇生活費（スーパーマーケットで購入した食費）
◇ブランド品等の購入
◇遊びに使ったお金
◇医療関係（こちらは個人の確定申告でお使いください）
　税金の控除対象となる経費について、図表9にまとめました。通常の物件運営でよく使う項目を

【図表９　経費科目確認表】

内容	経費科目	具体例
飲食代・懇親会等(接待飲食費)	打合会議費/交際費	関係者との会合
土産・贈答品	雑費/交際費	関係者への手土産　※
懇親会を含む会費	打合会議費/交際費	不動産業者との懇親会
供花	交際費	得意先・関係先に対する供花代
中元・歳暮	交際費	得意先・関係先に対するお中元、お歳暮
電車代	旅費交通費	物件調査に電車を使ったときの費用
引越代	旅費交通費	法人のオフィス引越代
旅費および交通費	旅費交通費	タクシー代、新幹線乗車券、特急券
ｺｲﾝﾊﾟｰｷﾝｸﾞ等駐車代	旅費交通費	外出時に使用した駐車場の料金
切手・ﾊｶﾞｷ・郵便代	通信費	切手代、書留等の郵送料、
携帯電話利用料	通信費	ビジネス用携帯の通信費
電報・FAX代	通信費	電報・FAX代
ﾈｯﾄﾜｰｸ回線使用料	通信費	JCOM利用料
備品代	消耗品	オフィス用の文具、備品
社有車・レンタカーの燃料代	消耗品	社有車・レンタカーのガソリン代
携帯電話関係費	消耗品	携帯電話本体及び付属品の購入費用。
OA機器備品	消耗品	税抜10万円未満のOA機器・備品類。※
工具用品代・事務用品代	消耗品	工具類、軍手、長グツ及び事務用品代。
各種用紙代	消耗品	コピー用紙等。
その他消耗品	消耗品	業務で使用並びに10万円未満の備品。
講習会等教育訓練費用	教育訓練費	講習会、資格試験受験等にかかわる費用。
講習代、セミナー代	教育研修費	講習会、セミナーで学んだ費用

想定してまとめております。日常コストをチェックするときにご利用ください。税理士と打合せをする機会があれば参考にするのもよいでしょう。

そして、実際の利益の計算について説明しますので、図表10を見てください。

図表10の全体としては、1物件の1年間に得る家賃総額を確認できるような構成としております。まず、横（行）には1～12月までを取ります。そして、縦（列）には、各部屋の月々家賃及び共益費を記入して、さらにその下の列には、管理料、光熱費、銀行への返済である借入金の返済額等である

写真・フィルム・カメラ代	調査費	物件の現地写真
入場料(展示会)	調査費	展示会への入場料。
広告宣伝・広告塔諸掛	広告宣伝費	広告掲載料(物件募集時)
ホームページ運用費用	広告宣伝費	ホームページ運用費用
会費	諸会費　ほか	町内会費、自治会費
書籍代、新聞代	図書費	書籍代、新聞代
家賃(オフィス使用料)	地代家賃	オフィス使用料(自宅オフィスも含む)
管理手数料	管理費	管理会社への支払い
契約関係の費用	顧問料	税理士、弁護士等の顧問料
電気代	水道光熱費	物件およびオフィスでかかった電気代
保険関係費用	保険料	保険料(火災、水害、地震等)
防犯関係費用	リース料	物件の防犯カメラのリース料
利息	支払利息	借入金の利息の支払い
物件修繕費用等	修繕費	アパート共用部清掃代、除草代
振込手数料	雑費	振込手数料
清掃・クリーニング	雑費	事務所清掃、作業着などのクリーニング代。
書類保管	雑費	書類保管会社に保管を依頼した費用。
写真代	雑費	各種資格取得等に係わる証明写真代
証明書発行手数料	雑費(非課税)	印鑑証明、登記簿等の証明書発行手数料。
登記手数料	雑費(非課税)	登記に係わる手数料。(法人設立等)
印紙代	租税公課	収入印紙代。
税金関連	租税公課	固定資産税、都市計画税、不動産取得税等

※一人あたりの費用が10,000円を超える場合は接待交際費
※10万円以上の消耗品は固定資産の扱い

各費用を記入していきます。月々の各部屋の家賃総額から各費用を差し引いた残額が、月々の利益であり、それを1～12月まで足し合わせたものが年間の利益の算出となります。

各月の各部屋の家賃収入の合計から、管理料、広告宣伝費及び雑費、水道光熱費、通信費を差し引き、さらに経費となる借入金の金利を差し引いて、最後の段である不動産所得として算出しております。ここからさらに、固都税、保険料等がかかってくることになります。

図表10の形式は、月々の収益を確認するだけでなく、個人で確定

【図表 10　収支内訳表】

単位（円）

収入		1月	2月	3月	4月	5月
101号室	家賃	58,000	58,000	58,000	58,000	58,000
	共益費	2,000	2,000	2,000	2,000	2,000
102号室	家賃	57,000	57,000	57,000	57,000	57,000
	共益費	2,000	2,000	2,000	2,000	2,000
103号室	家賃	60,000	60,000	60,000	60,000	60,000
	共益費	2,000	2,000	2,000	2,000	2,000
104号室	家賃	58,000	58,000	58,000	58,000	58,000
	共益費	2,000	2,000	2,000	2,000	2,000
105号室	家賃	59,000	59,000	59,000	59,000	59,000
	共益費	2,000	2,000	2,000	2,000	2,000
201号室	家賃	63,000	63,000	63,000	63,000	63,000
	共益費	2,000	2,000	2,000	2,000	2,000
202号室	家賃	60,000	60,000	60,000	60,000	60,000
	共益費	2,000	2,000	2,000	2,000	2,000
203号室	家賃	62,000	62,000	62,000	62,000	62,000
	共益費	2,000	2,000	2,000	2,000	2,000
204号室	家賃	59,000	59,000	59,000	59,000	59,000
	共益費	2,000	2,000	2,000	2,000	2,000
205号室	家賃	61,000	61,000	61,000	61,000	61,000
	共益費	2,000	2,000	2,000	2,000	2,000
合計		617,000	617,000	617,000	617,000	617,000

支出		1月	2月	3月	4月	5月
管理料		30,850	30,850	30,850	30,850	30,850
広告宣伝費および雑費		60,000	60,000	60,000	60,000	60,000
水道光熱費		2,600	2,600	2,600	2,600	2,600
通信費（ネット使い放題）		18,060	18,060	18,060	18,060	18,060
金融費用除く支出計		111,510	111,510	111,510	111,510	111,510
金融費用除く不動産所得		505,490	505,490	505,490	505,490	505,490
金融費用	元本	210,398	210,621	210,845	211,069	211,293
	利息	72,855	72,632	72,408	72,184	71,960
差引不動産所得		432,635	432,858	433,082	433,306	433,530

例：収支内訳表

6月	7月	8月	9月	10月	11月	12月	合計
58,000	58,000	58,000	58,000	58,000	58,000	58,000	696,000
2,000	2,000	2,000	2,000	2,000	2,000	2,000	24,000
57,000	57,000	57,000	57,000	57,000	57,000	57,000	684,000
2,000	2,000	2,000	2,000	2,000	2,000	2,000	24,000
60,000	60,000	60,000	60,000	60,000	60,000	60,000	720,000
2,000	2,000	2,000	2,000	2,000	2,000	2,000	24,000
58,000	58,000	58,000	58,000	58,000	58,000	58,000	696,000
2,000	2,000	2,000	2,000	2,000	2,000	2,000	24,000
59,000	59,000	59,000	59,000	59,000	59,000	59,000	708,000
2,000	2,000	2,000	2,000	2,000	2,000	2,000	24,000
63,000	63,000	63,000	63,000	63,000	63,000	63,000	756,000
2,000	2,000	2,000	2,000	2,000	2,000	2,000	24,000
60,000	60,000	60,000	60,000	60,000	60,000	60,000	720,000
2,000	2,000	2,000	2,000	2,000	2,000	2,000	24,000
62,000	62,000	62,000	62,000	62,000	62,000	62,000	744,000
2,000	2,000	2,000	2,000	2,000	2,000	2,000	24,000
59,000	59,000	59,000	59,000	59,000	59,000	59,000	708,000
2,000	2,000	2,000	2,000	2,000	2,000	2,000	24,000
61,000	61,000	61,000	61,000	61,000	61,000	61,000	732,000
2,000	2,000	2,000	2,000	2,000	2,000	2,000	24,000
617,000	617,000	617,000	617,000	617,000	617,000	617,000	7,404,000

6月	7月	8月	9月	10月	11月	12月	合計
30,850	30,850	30,850	30,850	30,850	30,850	30,850	370,200
60,000	60,000	60,000	60000	60,000	60,000	60,000	720,000
2,600	2,600	2,600	2,600	2,600	2,600	2,600	31,200
18,060	18,060	18,060	18,060	18,060	18,060	18,060	216,720
111,510	111,510	111,510	111,510	111,510	111,510	111,510	1,338,120
505,490	505,490	505,490	505,490	505,490	505,490	505,490	6,065,880
211,518	211,743	211,968	212,193	212,418	212,644	212,644	2,539,354
71,735	71,510	71,285	71,060	70,835	70,609	70,383	859,456
433,755	433,980	434,205	434,430	434,655	434,881	435,107	5,206,424

申告をする場合に一緒に提出して問題ありません。収支をしっかり管理している証憑として参考にしてください。

1棟目を購入した方で、年間の収支をしっかり把握したい方は地道にまとめることをおすすめします。もちろん、専用ソフトで気に入ったものがあれば、そちらを購入して数字をまとめるやり方もOKです。

※記入してある数字はあくまで例です。

では、次の作業の紹介です。

⑤メールチェック

こちらは毎月というより、届いた日に適宜確認するようにしてください。

管理会社から、退去の連絡が入るかもしれないし、ひょっとしたら「入居者が2階から落ちました！」という事故の連絡が入るかもしれません。常に緊張感をもって、という覚悟は全く要りませんが、連絡が入った際は早めにご返事をしてあげるようにしてください。

先ほど記載したように、早急な対応をして欲しい場合はまずは自分、です。

⑥（できれば）収支のチェック

できれば、の話ですが、毎月の収支を確認してもよいでしょう。

簡単なもので結構です。エクセルシートの横1列に1～12月を取り、縦1列に各部屋の入金額や費用（返済額等）を入力し、月々の収支を確認するとよいかもしれません。

毎月まとめておけば、個人の確定申告のときにデータ入力しやすいでしょうし、税理士に依頼する場合でも、丸投げではなく決算の把握がしやすくなります。

もし毎月やるとしたら、この6項目です。全部やったとしても15分〜20分以内で終わるのでないでしょうか。もちろん、再度になりますが、やらなければ運営が立ち行かなくなるといったものではありません。気楽に構えていてください。

現状のリサーチをしてみよう

管理会社にお任せして、尚且つ物件が稼働すれば特にやることはないとお伝えしました。あいた時間を利用して、現状の不動産市場はどうなっているのか確認してみましょう。例として3つあげておきます。

①家賃相場の観測

自分が既に購入した物件の地域や今後狙っている地域、そして今のところ予定はないけれど興味ある地域といった場所の家賃を調べてみてください。有名どころではありますが、次のようなところがわかりやすいです。

◆ＹＡＨＯＯ！　不動産
◆ＳＵＭＯ（スーモ）
◆アットホーム

◆ホームズ

②法律の改正

不動産関連の法律改正についてもアンテナを高くしておきたいところです。これは特にどこのポータルサイトがおすすめというものはありません。ネット上を検索してみてみればすぐ調べることはできます。直近で気になるものを紹介すると、「LPガス料金上乗せ禁止　2025年度から実施の方針」というものがあります。

賃貸アパート等の集合住宅向けのLPガス（液状化ガス）の料金についての問題です。ガス事業者がエアコン、給湯器などを無償で設置する一方で、その費用は月々のガス料金に上乗せされて入居者に請求されていることが焦点とされ、今回の改正となりました。2025年度からは、ガス器具以外の上乗せは禁止となります。

これまで入居者側だった方は、お得でしょう。しかし、物件購入を機に大家側にまわった方には無視できない点となります。これまでガス事業者から無償で給湯器等をつけてもらっていたのがなくなるため、設置費用は購入者負担になります。そのため建築費に跳ね返ってくるため、収益に影響が出てくるでしょう。また一般的に給湯器の寿命は15年程度とされております。もし壊れた場合の修理交換費用も多文負担となるため、手痛い出費となります。

納得如何に問わず、そういった流れになってしまうのではしょうがないため、次なる対策をどうするか不動産業界では頭を悩ませております。

こうした、不動産業特に家賃収入に直接関わってくるニュースも時折飛び込んでくるため、定期チェックをおすすめします。

③ＹｏｕＴｕｂｅの活用

これも言わずもがなではありますが。数えきれないほどのコンテンツがあるので、自分にとって聞きやすい、見やすいと判断したものをたくさん選んでください。有名なものですと【楽待】のチャンネルがありますが、個人でやっているもの、会社でやっているものたくさんあります。

とりあえず量を多く見て、多くの人が同じようなこと言っていることは不動産投資にとっての王道です。「あれ、これ同じような説明聞いたぞ」という気付きを大切にしてください。

私は最初、不動産に対して特別な思い入れはありませんでした。しかし、人間は現金なもので、満室経営で稼働し始めると、こういったニュースやコンテンツを学ぶことが苦にならなくなり、徐々に好きになっていきます。いまでは欠かさずチェックが習慣になりました。ぜひ、「とりあえず始めてみる」という軽いフットワークを実践してみてください。

第6章まとめ

・有給は3日確保すべし。
・確定申告は青色、白色のどちらが自分に合っているか。
・税理士にちゃんと渡せるように領収証等は普段から整理しよう。

・物件を簡単に説明するための概要データは覚えておこう。
・管理会社はＰＭ型が募集窓口が広くてよい。
・稼働すれば大家業の仕事は少ない。
・余計な嫉妬を避けるため、オーナーは素性をあまり見せないこと。

第7章　状況、環境、すべて武器

フリーになるな、会社を辞めるな、名刺を使い倒せ

いまの会社にしがみついてください。なんとしてもです。どんなに嫌でもはやまらないでください。サラリーマンであることの最大の利点を生かして、不動産に向き合っていただきたいです。

サラリーマンであることの利点とは、先に挙げたように、月々の安定的な収入、社会的な信用（老舗や上場企業）、仕事を休んでも代わりがいる、といったことです。これらの特徴が最大の武器になります。

金融機関からの評価は確実に得ることはできるし、不動産と向き合う時間をつくることもできます。不動産会社さんや売主さんからも、「あの人、ちゃんとした経歴の人だよな」と頭に残りやすくなります。

会社が嫌だと思っている方は、今度は自分がその会社の一員であることを利用する番です。ぜひ普段使っている会社の名刺をご準備ください。そして、不動産関係で会えた方々には、しっかりお渡しして記憶に残るようにしてください。

普段のお仕事では、お取引先の方と円滑に話が進むようなコミュニケーションを心掛けているかと思います。その積み重ねた日々のなかで培われた経験があらためて日の目を浴びるときです。好印象を残せば、投資活動がどんどんスムーズになります。

誰しも人間なので、付き合いづらいよりは、付き合いやすい人がよいに決まっております。それ

が絶対にいい結果になるとは言いませんが、少なくとも、対応が悪くなってしまうリスクは避けることができるでしょう。「社会的信用がある」＋「付き合いやすい」は不動産投資にとって鬼に金棒です。いまは手放さないでいただきたいです。

間違っても、フリーランスにはならないでください。もしなりたければ、いったん不動産投資は忘れてください。

夢見る前に、目の前を見てじっくり豊かになっていこう！

「好きなことを仕事にする」、「ずっとやりたかったことで独立する」、「本当に情熱を感じることに挑戦する」といった夢を追いかける人生は素敵なことだと思います。迷いなく進める方は邁進して欲しいです。それで実績を積み重ねることができれば何も言うことなしです。

しかし、頑張り方も人それぞれです。自分だけのビジョンが強力なエンジンとなる人もいれば、先入観をいったん脇に置いて始めてみたら、少しずつはまっていくという人も当然います。

自分にとっても不動産投資は後者でした。疑心暗鬼は全くなかったといえばウソになります。しかし、もう無理だな、と思うところまでやってみようととりあえず始めてみました。

そして、色々な方のサポートを受けて満室稼働を達成すると、徐々に自分になくてはならない事業の一部となってきました。今では、何らかの不動産の情報に毎日接していたいです。結果オーライであれば、情熱は後からくるもので大いに結構だと考えています。

夢を追いかけることは生きるエネルギーになると思います。しかし、目の前の自分にできることをやってみて、仕事を軌道に乗せて、ある程度資産を築いてから、やりたかったことにあらためて挑戦するという順番でもよいと思っております。

例えば、ご家族を養っていかなければいけないのに、いきなり仕事を辞めて独立する、ではあまりに無責任ではないでしょうか。愛する家族を不安にさせてまで実現したい夢はただの我欲です。「確固たる意志」の前に、「確固たる経済基盤」のほうが重要です。

「つらい思いを経験すれば人に優しくなれる」というのはウソです。嫌な思いをすれば人の心は荒みます。余裕があるからこそ、優しさやアイデアが出てきます。手前味噌ですが、不動産投資はその経済基盤をつくる近道だと思っております。

そうはいっても、自分には投資は向いてない、という人もいるでしょう。わたし個人の話で恐縮ですが、私は私生活では一切ギャンブルはやりませんし、パチンコに入ったことはありませんし、麻雀のルールも知りません。ポーカー等のカードゲームも兄の子どもたちと一緒に遊ぶ程度です。競馬に関しては、馬が駆け抜ける姿は美しいと感じます。でも馬券は一回も買ったことがありません。

そんな私でも、投資の世界に踏み出すことができて、ありがたいことに満室経営を継続中です。何が言いたいかと言うと、個人の性格と実際の成果は思いのほか一致しないということです。それどころか、真逆と呼べるほど違う世界のほうが結果を出せることもあります。なぜなら、仕事となる対象を客観視できるからです。個人的な思い入れにとらわれず、「こうすれば稼げるな」と力を抜いて取り組めるという感じです。

夢を糧に日々かんばっている方、または特に何かやりたいことがない方はまずは経済基盤をつくった後に見えた景色のあとに頑張るという順番でもよいのではないでしょうか。

上司の「やれ」と自分の「やりたい」はどっちが大切？

不動産投資は、「やらなければいけない」というものでは決してありません。大きなお金が動くわけですし、リスクも多少はあります。無縁でいても全く問題はありません。もし、それでも自分の気持ちに「やってみたい」という気持ちはありますか？

「興味がある」くらいのレベルでもよいです。気持ちの中に、不動産投資に対する熱量を感じるのであれば、是非踏み込んでみてはいかがでしょうか。

ただし、やると決めたなら、「来年の今の時期には大家業をスタートしている」と期限を決めて動いてください。誰しも期限のないものに対する火力は上がりません。

「やってみたい」という気持ちでスタートしてみて、続けていれば「もう引くに引けない」というところまでボルテージが上がってくるはずです。

何かやろうとするとき、「面倒くさそう」「周囲から嫌われたらイヤだな」「失敗したらみっともない」といった気持ちが出てくることがあります。

しかし、よく考えてみてください。仕事で上司に「これを明日までに終わらせろ」と言われたら、とにかく帳尻合わせるために、無理くりでも仕事を終わらせた経験はないでしょうか？

何が何でも終わらせる、と集中力が上がってきているときは、「嫌われたらどうしよう」、「失敗したらどうしよう」なんて考えは浮かんでこないはずです。ただの雑念でしかない、と脳内で処理されているのでしょう。自分を追い込むことで、「ただやる！」と猪突猛進の状態になることができてしまうのではないかと考えます。

海で溺れそうなときに絶望なんかしてられません。陸地や掴まるものめがけて泳ぐだけです。

プライベートでの挑戦は自由にやれるからこそ楽しいです。しかし、面倒くさいとか周囲の目が気になるという状態は、自分に甘くなってしまっている証拠なのかもしれません。

不動産投資も然りです。「自分だけの事業をつくる」、「収入を増やす」、「自分らしい生活を送れるようにする」等々、スタートのモチベーションは何でも結構です。疑心暗鬼はいったん脇に置いて、「ただやる」の姿勢で取り組んでみてください。

周りから「やれ」と言われて力を発揮することも大事かもしれません。でも、ありたい自分に貪欲になってやることはもっと大事です。「自分はこうありたい」と思う気持ちを大切にしてください。

スキルじゃなくて環境を語れ

前述で、特別なスキルはいらない、最低限の数字の感覚でOKと記載しました。あらためてと言いますが、しつこくこの点をお話ししたいと思います。

物件購入に際して、不動産売買や登記、といった点で様々な業者の方と関わります。そうした業者の方が既に宅建や、司法書士の資格を保持されております。スキルアップのために関係する分野の勉強をしたくなる気持ちは十分理解できます。

しかし、資格も実務経験もある方が必ず関わってくるなかで、初心者が資格等の勉強に時間を割いてしまうのは勿体ないです。売買や登記がどういったものなのか、内容を理解しておくことに注力してください。

力を貸してくれる業者の方へのお支払いは、最低限の必要経費と割り切ったほうがよいです。業者の方へのお支払いは大事ですが、長期的に得ることができる家賃収入から考えれば、数％に達するかどうかでしょう。

しかも購入時にしかかからない費用がたくさんあります。

不動産オーナーとしては、こうした実務レベルのスキルアップを目指すのではなく、もっと大局的な決定を考えるようにしてください。主に次のようなことです。あくまで例ですが。

◆現在の家賃相場（狙っている地域）
◆物件価格の相場（狙っている地域の木造、ＲＣ）
◆利回りの相場（狙っている地域）
◆物件の最新設備（追い炊き、宅配ボックス等）
◆自身の物件の状況（空室状況）

このように、自身を取り巻く環境についてアンテナを張り巡らせるようにしてください。ネット環境を駆使するのもよいですし、普段で歩いている地域を定点観測のように見るのもよいです。「あの売り物件、こんな高いのか」、「あそこのビルに入ってたお店撤退しちゃったのか」といった、細かな気づきなら何でもよいと思います。正解はなく、何か目に留まったものがあるというのが大事です。

そうして、普段ピンときた情報をもとに、業者さんと議論できるようになってみてください。「この辺の利回り相場は～%くらいだけど、実際の売り物件はどう?」とか、「この修理の見積、他の業者だと～円くらいだけど」といったような感じです。

細かな専門知識よりも、現状はどうなっているのか、といった視点で不動産を考えるようにしてみてください。

「自分のため」と「誰かのため」を都合よく切り替える

精神論です。抵抗がない人はご一読ください。

苦手な方を毛嫌いしないでください。個人的には私情を挟まず、スケジュールにそって確実に仕事をしていくことが最重要と考えております。

仕事をする際に「モチベーションが上がらない」という言い訳は、プロではないと思います。

しかし、気持ちを盛り上げて頑張ることと、業務を遂行することは車の両輪です。気持ちを盛り上げて頑張ることをおろそかにしてしまっては、いざというときに踏ん張りがきかないのではないかと思います。

不動産投資も然りです。本業の合間を見ながら取り組むとき、もしかしたらキツいと感じるときがあるかもしれません。そんなときは、自分をのせるための色々な気持ちのパターンを持っておいてください。最初は、「自分のため」がスタートでよいです。

「年収を増やしたい」「独立の足掛かりにしたい」「資本家になって威張りたい」等々。自分を前に進めてくれるのであればどんな考え方でも（人に迷惑をかけなければ）問題ないと思っております。

そして、そんな「自分のため」という考え方に飽きたら、次は「誰かのため」という考え方を軸にしてみてください。こちらも、前向きにしてくれるのであれば何でもありです。「親に心配をかけたくない」「子供と過ごす時間を増やしたい」「家族によい暮らしをさせてあげたい」などです。

この考えが重く感じたら、また自分のためをモチベーションにしてください。

このように、自分を前進させてくれる考え方を都合よく切り替えるようにしてみてください。したたかな考えをもって資産を狙っていくようにすることが、長い投資生活を支える秘訣です。

法人化してもう１つの面をつくろう

突然ですが、問題です。

Q：ボー・ジャクソン、ディオン・サンダース、森鷗外、ヘルムート・シュミット、イグナツィ・パデレフスキ、大谷翔平。この5人に共通するのは？

A：答えは二刀流

NFL&MLB、軍医&小説家、首相&ピアニスト、本塁打王&2桁投手。キーワードはこれらのものです。スーパースター及び偉人業績についてはここではあえて触れません。話が逸れそうなので。

言いたいことは、一見関係なさそうな2つを結びつけることが、相乗効果となってその人の人生に厚みをもたらせているのではないかということです。

不動産投資を行い、オーナーとしてデビューします。そして、法人を設立すれば節税目的だとしてもれっきとした代表です。その経験は、マイナスになることはまずありません。不動産事業を運営することで、決算書の見方や税務の知識が身につくでしょう。また、普段、組織では意思決定する立場になく、役職が上の人たちから厳しい目にさらされているという人は、代表オーナーとして修繕計画を率先したりできます。どう転んでも自分の知識と自信にしかなりません。

不動産を通して、新たな自分の一面をつくる充実感を得ることをおすすめします。

地道に働いていることが、最大のPRとなる

一攫千金を夢見ている方は、不動産投資はやめたほうがよいです。不動産オーナーは、毎月、数

万円、数十万円の家賃収入を確実に、そして安定的に稼いでいくのが仕事です。いきなり、10倍、１００倍超の価値の増大を狙っている人にはそもそも向いていません。〝海の魚〟なのに〝川の魚〟を狙うくらい無謀です。

不動産事業はそうした性格のものなので、投資でありながら地道な性格の方に向いています。銀行側も、地道に働かれている方という印象があれば、融資の審査評価は確実に高いでしょう。

たとえどんなによい物件だとしても、常時満室で月々の返済が余裕だとしても、買主本人が信用ならない人物の場合、よい融資が下りないこともザラにあります。イメージとしましては、不動産投資はあくまで本人についてくる「影」のようなものと捉えてください。しっかりとした本人という「実体」があるからこそ、成り立つものという意味です。

そうした「実体」が社会的信用となり、よい融資へつながります。もし、自分はごくごくありふれた普通のサラリーマンだと思っている方。自分を冷静に認識すれば、「社会人～年目」、「上場企業の～株式会社勤務」、「～大学修士卒」といったしっかりと社会的信用を築いていることを発見できると思います。

ぜひ、そういった自分の属性を大事にしてください。きっとよい方向にいきます。

結婚も投資の一部だ

家族の理解が得られるかどうかは、ある意味最大の難関です。ご結婚されている方は、パートナーの方の反対にあって断念する、もしくは喧嘩が増えるといった話もよく聞きます。

私の場合、結婚時にはすでに投資を開始していたため、妻には既成事実としてスムーズに納得してもらいました。

しかし、投資、しかも不動産投資という金額も大きく、土地がらみの事件も時折ニュースで見聞きするため、現実には拒絶反応がある方も多いです。もちろん、家族だからこそ不安になる気持ちは十二分に理解できます。

個人個人の性格が違うため、抵抗感がある方に対して、「これさえ言っておけば万事解決！」といった魔法の言葉はありません。配偶者の性格、そのときの状況によって解決方法は変わってくると思います。

では、火種となりそうな地雷ワードをご紹介します。


【地雷ワード】

×空室（入居者がみつからない）
×頭金～万円（物件価格の～割の頭金が必要）
×借入金～万円（銀行から融資を受ける）
×連帯保証人（融資のために本人以外に保証人が必要）

代表的な言葉はこれらでしょう。確かに相手の立場からした、何とも重々しい嫌な響きかと思います。不安になるお相手には、まずは「わかるよ」と寄り添ってあげてください。決して、議論するような姿勢に持ち込まないことです。

ご家族は「儲かるから」という理由には山っ気を感じてしまうので、逆効果になりがちです。それよりもしっかりリスク管理できているという姿勢を示してあげることのほうが絶対に重要です。

完全に解決できるかは不明ですが、家族をしっかりと説得したい場合は、次のようなことを材料としておさえておいてください。

【念のための説得材料】

①保険代わりとなる

投資用物件を購入するときは、団体信用生命保険（通称：団信）に加入するのが一般的です。

団信は、死亡時やガン診断時といった、特定の条件を満たしたときにローン返済が最大免除になる仕組みです（ローンによって免除の割合が異なります、ご注意ください）。

オーナー本人に万が一のことがあっても、団信によってローンが完済されれば、家族は家賃収入を得続けることができます。売却したとしても、ローンの残債がなくなっているため、まとまったお金を残してあげることができます。

②家族のお金には手を付けない

あくまで自分のお金の範囲でやることを最優先にしてください。自分の可処分所得のレベルで狙える、且つよい物件を探す、ということを決意してください。配偶者やその家族を巻き込むようなまねは避けてください。

③年金の代わりとなる

購入の際に支払った頭金を十数年で回収すれば、それ以降は丸ごと家計収入にプラスとなります。さらに、20~30年後にローンを完済すれば老後の収入を稼いでくれる大事な柱となります。家賃は下がることがある、といっても0円になることはありません。あなたの家庭のために働き続けてくれるでしょう。

もし建物の劣化が激しい場合は、建築物をすべて壊して土地を売ってしまうという手段もあります。そのころには、元手は十分回収できているでしょう。

家族への説得は難題ではありますが、大事なのはあなたを心配してくれているということを忘れないでください。そして、夢は大事ですが、それにご家族を巻き込んではいけません。

夢はまず自分1人で歩き始めることが大事です。ご家族は、夢に向かって進むあなたを応援してくれるかもしれません。でも本心では、「今日も明日も真面目に働き続けてくれる」、「家族皆で一緒にご飯が食べられる」といったことが何よりの幸せと感じていることでしょう。

家族を幸せにできない投資はすべきではないと考えます。まずは、家族の安心、次に不動産投資、という順番で投資の計画を立ててみてください。

第7章まとめ

・投資を考えるなら安易にいまの環境は変えないほうがよい。

・地道に働いている状況を存分に生かすべし。
・法人化による「2つの顔」はワクワクする。
・「やりたい」気持ちを大事にしよう。
・配偶者の心配を和らげるような説得をして投資に向かおう。

不動産投資よくある質問Q＆A

Q合格体験記のような成功者談では？

Aこれまでお話ししてきたことが、「単にいまうまくいっている人の体験談では？」と感じる方もいるでしょう。否定しません。いま順調に稼働しているからこそ、多少イヤだったことも、打ち消されているのかもしれません。

ただし、不動産投資を行うにあたって一番ストレスにならない考え方や方法論を提示させていただきました。

もちろん、投資をするかどうかは皆さん1人ひとりのご判断です。「やる」という道を選択された方は、本書内容を「転ばぬ先の杖」、「大家業における考え方の補助輪」、「不動産投資のよし悪しを判断するリトマス試験紙」、「不動産投資のカンニングペーパー」等々、とにかくサポートとなるものとしてご活用くださいませ。

Q誰でもできるわけではないのでは？

Aもちろんそうです。ただ備えることができれば、誰しもチャンスがあるものだと考えます。
備えとは次のようなことです。

・物件の頭金を用意できる（ターゲットの物件価格の2割程度の現金がある）。
・本業がある。
・家庭もしくは家計がちゃんとしている（散財せず倹約する傾向にある）。
・物件の収支シミュレーションができる（概算でも収入とコストを把握できる）。

Q景気から考えて、いま始めるのは厳しいのではないか？

A日銀の金融政策の転換、建築費の高騰といったマイナス要因が増えてきており、利回りも下降傾向にあります。しかし、では全く利益が取れないかというと、それも誤りです。順調に運営している方もたくさんいます。

むしろ厳しい時期と一般的に言われているのであれば、新規参入の買主が少なくなっていると考えてみてください。業者が思わぬ形で土地の仕入に成功し、よい物件を紹介してくれることもあります。

また、景気は必ず潮目が変わります。そのため、よい時期には攻めの購入だった方は、「厳しい時期だな」と思うときは、「よい物件に出会えたら動く」という慎重な動きに切り替えるのもよいでしょう。

Ｑこれから日本は人口減少社会となるので、空き家問題が直撃するのでは？

Ａ社会問題としてそういうことはあるでしょう。ただ、それを個人で行う不動産投資に直結させるのは短絡的です。社会全体の問題というマクロの視点が個人の問題をすべて決めるわけではありません。

　不動産投資に関して言えば、空室に苦しんでいる人はいるでしょう。一方で、空室にほぼ無縁で収益を上げている人もいます。両者を分ける要因を１つあげますと、物件を選ぶまでの初期設定（地域や利便性、どういった施設が近くにあるか、物件の仕様はどうか）に力を入れたかどうかかと思います。

Ｑ赤字になったらどうする？

Ａまずは収支シミュレーションをして、赤字にならないように概算を立てることを考えます。

それでダメなら次の手を考えましょう。入居が厳しい場合は、管理会社と打合せを重ね、広告の見せ方や、設備を新しくするといった必要な手立てを取ることになると思います。

　もし設備よりも家賃を下げるほうが長期的に見て安く済むなら、相場よりもいくらか下げて募集してみてください。

Ｑ返済が苦しくなったら？

Ａ迷わず銀行に相談に行きましょう。早ければ早いほどよいです。

現状の収支を包み隠さずお話しましょう。回復の見込みや可能な返済額を銀行の方とお話することになります。その上で、返済額減額の話も出てきます。

銀行の前に、一度、エージェントである不動産屋さんにお伝えしてもよいかもしれません。銀行との交渉によいアイデアを出してくれるか、売却の話も出してくれると思います。

Ｑ物件の名前でよいものはあるのか？

Ａ購入したオーナーの好きな名前を付けることはできますが。入居者さんや紹介する不動産屋さんが、比較的覚えやすい名前がよいでしょう。あまり長くなく、漢字よりもカタカナの物件名がよいでしょう。

余談ですが、私は購入した2棟の物件を、インパクト重視を狙い、ゴーイング●リー棟、サウザンド●ニー棟という名前に変えようと検討したことがあります。釣り効果は十分あったかと思いますが、熱狂的ファンからの報復を恐れてもちろんやめました。

Ｑ購入した物件は定期的に確認にいくべき？

Ａ特に必要ありません。見に行きたいのであればもちろんＯＫです。入居者で埋まり、入金が順調であれば行く必要ありません。管理会社からの報告をお待ちください。

Ｑ物件に事故が起きたらどうする？

Ａ設備の破損が起きた際は、建物の保険でおさまるかどうかを確認してみてください。入居者の過失によって起きた場合は、管理会社経由で請求書を発行するようにしてください。
また、物件でお亡くなりになる可能性もゼロではありません。大家さん誰しもが抱えているリスクです。ご年齢でお亡くなりになる場合もありますが、ご自身で命を絶つ場合もあります。管理会社と打合せの上、早急にご遺体や部屋のクリーニングをするようにお願いします。
他の入居者さんやご近所の方のご迷惑にならない時間帯に対応するようにしてください。

Ｑ投資するだけのお金が貯まったら、違うことしたほうがいいのでは？

Ａその選択でももちろん結構です。不動産投資は融資を使うことで、資産を増やすスピードがどんどん増していくものです。そのやりがいを感じたときにまた挑戦してみてください。

あとがき

『世を忍ぶ仮の姿』にするか『新たな事業基盤』にするか

不動産投資について実務的なことからメンタル的なことまでお話ししてきました。不動産投資について、少しでも心理的なハードルが下がっていれば幸甚です。また、すでに始められている方は基本的なことをさらに強化していただけたらと思います。

不動産投資を行うことで、得ることができる新たな一面は大きく分けて２つあります。

まず１つ目は、「世を忍ぶ仮の姿」です。平日の日中は、普通のサラリーマンとして地道に働いているかもしれません。そして、いったん退社後はオーナーとして意思決定を行う立場になることができます。日中は組織で疲弊している人も、休日はオーナーとして満室経営を続ける「やり手大家さん」の顔を持てることだって十分あります。

次に２つ目は、「新たな事業基盤」です。独立して事業を行いたいと思っている方は、本業とは別の収益の柱を持つことができます。不動産投資は、その後の運営を考えると立派な事業です。ですので、その新たに手に入れる事業があなたの仕事を強力にバックアップしてくれるでしょう。

このように、始めてしまえば十中八九好影響を与えてくれるものになります。いま一度始めるかどうかをご検討ください。

自分らしい生活を送るきっかけにしよう

いつからか、ＦＩＲＥという早期リタイアを意味する言葉を耳にするようになりました。どうやら組織に頼らず経済的自立をして、好きなことをしていく生き方だそうです。

万が一それを達成できたとして、一体全体何をするというのでしょうか。どんな遊びも必ず飽きます。2～3か月以上休みが続いたら、いままでバリバリ働いてきた方にとっては日常が無間地獄のように感じるかもしれません。心身ともに衰えていく日々へとまっしぐらでしょう。

そもそも、脇目も振らずビジネスや蓄財に邁進してきた人がいきなり引退したら、無味乾燥な毎日しか待っていません。ご家庭のある方にとっては家族に必ず悪影響が出るでしょう。配偶者、お子さんにとって、一番意味あるメッセージは、「頑張っている姿を見せること」です。家族の心の中に「家庭のために頑張ってくれる」、「自分だってもっとやれる」という前向きな気持ちをつくってあげたいなら、背中を見せるのが最も効果的です。

暇を持て余してる人間が「もっと頑張れ。」と熱弁をふるったところで何の説得力もありません。「小人閑居すれば不全を為す」という言葉が身に染み入るところです。日々やるべき仕事があるのは本当に大切なことと痛感するようになりました。

私は、今後たとえ物件を何棟、土地を何筆手に入れたとしても仕事は辞めません。業界は変わるかもしれないし、オーナー、実業家、会社員といった役割の変化はあるかもしれません。しかし、顧客と向き合うことを忘れずに仕事を続けていく所存です。その一環として、今回不動産投資に関する書籍を書かせいただきました。

いまは、ネットニュースやＹｏｕＴｕｂｅを活用すれば知識はたくさん手に入ると思います。ただし、より幅広く、少しでも網羅性を高く伝えるということを考えた場合、書籍という形でお力になれる部分は大きいと考えました。

本書を手に取った方には、不動産投資のやりがいを感じて欲しいと思っております。同時に不動産投資の落とし穴には気を付けて欲しいという思いも込めました。

ただし、不動産投資はあくまで手段だと思っています。では目的は何か。それは「自分らしい生活を送ること」です。余裕がなければ優しくなれない、ということは前述しました。不動産投資をやめずに続けていけばうまく稼働するタイミングがくると思います。そうすれば、家族との時間をもっとつくろう、自分なりのビジネスをつくろう、老後のための資金を蓄えよう、といった新たな計画を実行する余裕が出てくるはずです。そのために不動産投資を大事なきっかけとしてください。

不動産投資にはリスクが存在します。金利上昇、建築費高騰、購入失敗、管理会社倒産、事故や災害、家賃滞納、入居者夜逃げ、物件競争力の低下、修繕費高騰、建物老朽化、売却価格の低下等、他にもあります。

しかし、不可避のリスクだとしても対応不可能なリスクはありません。どうにかして軽減させる手だては必ず見つかります。そもそもリスクとは、危険性だけでなく不確実性の意味も含まれます。それは、起こるかどうかわからないということです。それだけではマイナスであることを意味しません。リスクの存在を認識しているか、もしくはちゃんと対応するようにしているかどうかで結果は変わります。日常でいえば、降水確率１００％と天気予報で知れば対応する行動が決まります。状況の捉え方でどうとでもなると考えてみてください。

リスクを乗りこなすことで、不動産投資家としての新たな領域に踏み込んでみてください。そうすることで、将来不安や周囲の雑音が気にならない環境ができてきます。次に、自分のやりたかったことをやってみてください。仕事で嫌な思いをしたり、家族とうまく意思疎通できなくて孤独を抱えたりすることもあるかもしれません。

でも、そんな気持ちのままじゃやっぱりつまらない。「失敗して誰が気にするんだ？」「知るか、やりたいからやるんだ」くらいの肝っ玉で臨んでみてください。そして、あなたを大事に想ってくれる人に感謝の気持ちを伝えてみてください。

私自身、不動産投資家として今後活動していく予定です。もし同じように投資を考えている方の助けになれることがあれば幸いです。どこかのタイミングで道が交わるときを楽しみにしております。最後までお読みいただき本当にありがとうございました。

最後に、執筆の機会を与えてくださいました出版社の皆様、いつも迅速に対応してくれる管理会社の皆様、そして日頃より力を貸してくれる不動産会社の皆様へ、この場を借りて深くお礼申し上げます。

菊池　穣

著者略歴

菊池　穣（きくち　みのる）

1981年　栃木県生まれ　早稲田大学大学院修了
都内上場企業に勤務の傍ら、29歳から不動産投資を開始する。

都内から神奈川方面の木造の一棟アパートを中心に投資活動を継続中。

着実に1棟ずつ増やしていく投資で、これまで10棟の投資経験あり。

そのうち3棟は売却し、数千万円の売却益を得る。

現在保有しているアパートはすべて満室で稼働中。

年間の家賃収入は約4000万円以上。今後も手堅く投資を行い、規模を大きくしていく予定。

不動産投資を考えている人や悩んでいる人の個別相談に乗ることあり。

サラリーマンのためのロジカル不動産投資

2024年9月13日　初版発行　　2025年1月28日　第2刷発行

著　者　菊池　穣　© Minoru Kikuchi
発行人　森　　忠順
発行所　株式会社 セルバ出版
〒113-0034
東京都文京区湯島1丁目12番6号 高関ビル5B
☎ 03（5812）1178　　FAX 03（5812）1188
http://www.seluba.co.jp/
発　売　株式会社 三省堂書店／創英社
〒101-0051
東京都千代田区神田神保町1丁目1番地
☎ 03（3291）2295　　FAX 03（3292）7687

印刷・製本　株式会社丸井工文社

Printed in JAPAN
ISBN978-4-86367-919-1